大成方略
Great strategy
A Series of Books
Issued by Taxpayer Club
纳税人俱乐部丛书

丛书主编：李永延

房地产企业涉税制度设计与合同管理

Taxation System Design and Contract Management for the Real Estate Companies

李志远 编著

云南大学出版社
YUNNAN UNIVERSITY PRESS

图书在版编目（CIP）数据

房地产企业涉税制度设计与合同管理 / 李志远编著.
—昆明：云南大学出版社，2012
（纳税人俱乐部丛书 / 李永延主编）
ISBN 978-7-5482-0840-2

Ⅰ. ①房… Ⅱ. ①李… Ⅲ. ①房地产企业—税收管理
—中国①房地产企业—税收—经济合同—管理—中国
Ⅳ. ①F812.423

中国版本图书馆CIP数据核字（2012）第029132号

策划编辑：聂　滨 / 责任编辑：刘　焰 / 装帧设计：刘　雨

房地产企业涉税制度设计与合同管理

Taxation System Design and Contract Management for the Real Estate Companies

李志远　编著

出版发行：云南大学出版社
印　　装：昆明卓林包装印刷有限公司
开　　本：787mm×1092mm　1/16
印　　张：14.25
字　　数：200千
版　　次：2012年2月第1版
印　　次：2012年2月第1次印刷
书　　号：ISBN 978-7-5482-0840-2
定　　价：29.00元

社　　址：昆明市翠湖北路2号云南大学英华园内
邮　　编：650091
电　　话：（0871）5033244　5031071
网　　址：http://www.ynup.com
E-mail：market@ynup.com

前 言

随着我国住房制度的改革，我国的房地产业逐步形成和发展，投资逐年增大，远远超过了同期我国GDP的增长速度。尤其是近几年，房地产投资的增长速度已经超过了全社会固定资产投资的增长速度，为房地产企业的发展注入了强大的动力。在竞争日趋公平和激烈的市场环境下，通过纳税筹划的手段达到企业纳税负担最小化，从而降低成本，增加经济效益，打造企业的竞争优势，是目前房地产企业增强核心竞争力的有效方法之一。

为了提高企业纳税筹划的效率，建立健全企业涉税制度、规范企业合同管理是房地产开发企业管理的一项重要内容。本书引入了企业内部控制最新成果，并结合房地产行业纳税管理的特殊性，分析了房地产行业容易涉及的税务风险，归纳了房地产企业内部涉税控制的先进经验，针对房地产企业纳税管理提出了相应的应对策略。根据以往发生的涉税风险和纠纷，本书从内部涉税制度建设和外部合同签署两个角度出发，逐一研究了房地产业务的涉税风险和纠纷的相关税法规定，使读者更加明晰地了解和掌握房地产涉税业务的相关要求，使房地产企业在经营管理过程中可以自觉地防范税法风险和规避税务陷阱。

本书以房地产开发的过程为线索，分别从主要涉税风险点、业务流程及涉税风险控制、涉税制度要点及案例点评、涉税合同条款及案例点评等四个角度对公司设立、征地环节、开发建设、竣工销售以及物业管理等环节的涉税业务进行了分析和归纳，汇集了房地产企业内部控制的全新管理方法和技巧，希望对广大房地产涉税业务人员专业能力的提升有切实可行的帮助作用，希望能从内控的角度对企业涉税业务风险规避起到查漏补缺、防微杜渐的作用，为企业创造更大的价值。

由于作者水平所限，书中疏漏和不足之处在所难免，恳请广大读者给予指正。作者的电子邮箱是：124823032@qq.com。

目　录

第1章

涉税制度设计与合同管理的基础

第一节 房地产开发企业的经营特点与涉税管理要求

房地产开发企业，是指从事房地产开发和经营活动，并以营利为目的进行自主经营、独立核算的经济组织。它既是房地产产品的生产者，又是房地产商品的经营者，进行的主要业务包括土地开发与经营、房屋的开发与经营、基础设施和公共配套设施开发、代建工程开发以及房地产营销等经营活动。房地产开发企业将有偿获得的土地开发完成后，既可有偿转让给其他单位使用，也可自行组织建造房屋和其他设施，然后作为商品作价出售，还可以开展土地出租业务；企业也可以在开发完成的土地上继续开发房屋，开发完成后，作为商品作价出售或出租。代建工程的开发是企业接受政府和其他单位委托，代为开发的工程。房地产企业从经营范围的广度可以划分为房地产综合企业、房地产专营企业和房地产项目企业。房地产综合企业是指综合从事房地产开发、经营、管理和服务的企业；房地产专营企业是指长期专门从事如房地产开发、租售、中介服务以及物业管理等某一方面经营业务的企业；房地产项目企业是指针对某一特定房地产开发项目而设立的企业，许多合资经营和合作经营的房地产开发公司即属于这种类型。项目企业是在项目可行并确立的基础上设立的，其生命期从项目开始，当项目结束时企业终了，这种组织形式便于进行经营核算，是房地产开发企业常用的一种形式。

一、房地产开发企业的经营特点

（一）经营对象的固定性

房地产开发企业的经营对象都是不动产，具有固定性和不可移动性。这种特性使房地产企业在经营活动中受周围环境的影响较大，经营绩效与所处区位状况关系密切。相对来讲，一般企业的商品具有实体的流动性，可以随时在地区之间，甚至是不同国家之间进行流动，因而通常面对的市场竞争范围比较大。不动产不具有实体的流动性，房地产企业提供的产品不可能移动，相关的房地产服务也附着于固定的房地产上面，因此其面对的市场竞争范围较小一些，主要是本地市场，当地市场的供求关系及其变化趋势、当地政府的政策法律对房地产公司的经营绩效至关重要。此外，由于房地产产品的价值量大，资产转移需要经过较长时间，从而使市场竞争关系无法充分展开，受制于此，房地产开发企业经营成功的关键在于把握当地的市场需求和政策导向。企业征用的土地、建设的房屋、基础设施以及其他设施都应严格控制在国家计划范围之内，按照规划、征地、设计、施工、配套、管理“六统一”原则和企业的建设计划、销售计划进行开发经营。

（二）经营业务的复杂性

在房地产开发企业从事经营活动过程中，即征地、拆迁、土地开发、土地出让转让、勘察、设计、施工、房屋出售、出租、转租、房地产抵押以及房地产建设过程中必然产生大量谈判、协调、筹划等劳务以及相应的法律事务，这些是房地产开发企业经营活动的主要内容。企业围绕房地产产品的经营开发，不仅因购销关系与设备、材料物资供应单位等发生经济往来，而且因工程的发包和招标与勘察设计单位、施工单位发生经济往来，还会因受托代建开发产品、出租开发产品等与委托单位和承租单位发生经济往来。企业经济往来对象多，涉及面广，需要进行的一系列沟通、谈判、筹划、代理和服务活动，兼顾与房地产产品相关的各方面利益，节约交易各方的交易成本。可以说房地产开发企业提供的是房地产业各类服务，需要与政府相关部门、合作伙伴、业主等诸多市场主体进行沟通和交易，涉及各方利益的平衡和协调。

（三）经营资金的密集性

房地产开发企业在经营管理过程中需要大量的资金，是典型的资金密集型企业。开发产品要从规划设计开始，经过可行性研究、征地拆迁、安置补偿、七通一平、建筑安装、配套工程、绿化环卫工程等几个开发阶段，少则一年，多则数年才能全部完成。另外，上述每一个开发阶段都需要投入大量资金，加上开发产品本身的造价很高，需要不断地投入大量的资金。每个房地产经营项目蕴涵的价值量都非常大，需要进行精心细致的资金筹措与运用。比如，房地产开发前期的安置补偿费用、前期工作中的勘察设计费用、可行性研究费、建筑安装工程费、财务费用、销售费用等，能够完全依靠自有资金进行房地产开发的企业微乎其微，往往依赖于各种金融工具和金融手段。对资金的大量需求，使得房地产开发企业与金融机构具有密切的关系。一方面，房地产开发需要大量资金为银行等金融机构提供一种优良的投资渠道；另一方面，二者结合使整体经济的抗风险能力下降，一旦房地产价格下跌或者房地产开发企业经营不善，可能会造成金融体系动荡，进而危及整个国民经济的安全。

（四）人才需求的多样性

房地产开发企业在实际经营活动中既涉及建筑安装方面的技术知识，也涉及市场调研、项目管理、各专业领域协调等知识和技能，往往只有借助各类专业人员的协同合作才能完成房地产开发项目。房地产开发企业需要大量各种各样专业人才，如建筑工程类、市场营销类、经济分析类、金融理财类等。人才需求的密集性、多样性是房地产开发企业的重要特征。由于房地产知识、法律政策的专业性，对于普通的业主或者不从事房地产行业的企业来说，很难在短时间内完全领会与掌握，在合作、交易过程中通常也需要房地产企业提供相应的专业服务。

（五）经营活动的风险性

房地产企业是国民经济最重要的支柱性产业，是一个投资巨大、回收缓慢、回报丰厚、具有高风险的极其复杂的系统工程。由于房地产开发产品单位价值高，建设周期长、负债经营程度高、不确定因素多，一旦决策失误，销路不畅，将造成大量开发产品积压，使企业资金周转不灵，导致企业陷入困境。因此，房地产企业的经营活动具有较大的特殊性，虽然其收益一般较大，但面对的风险也较一般企业大。

二、房地产开发企业涉及的税种

房地产开发企业主要涉及的税种有营业税、城建税、教育费附加，土地增值税、房产税、印花税、城镇土地使用税、契税、企业所得税以及个人所得税等。

（一）营业税

营业税是对在我国境内提供应税劳务、转让无形资产或销售不动产的单位和个人，就其所取得的营业额征收的一种税。房地产开发企业销售不动产时应在收讫或取得索取营业收入（房款）凭据后，就全部价款和价外费用按销售不动产税目依5%的税率缴纳营业税。转让土地使用权，应按“转让无形资产”税目中的“转让土地使用权”子目依5%的税率缴纳营业税。如与包销商签订合同由其自订价格进行销售，由房地产开发企业向客户开具房地产发票，依5%的税率缴纳营业税，包销商收取价差或手续费的应按“服务业—代理业”缴纳营业税；合同期满后，房屋未售出部分若由包销商收购，对房地产开发企业应就房屋销售收入按销售不动产税目依5%税率征收营业税；包销商将房产再销售，对包销商也按销售不动产税目征收营业税。

房地产开发企业从事建筑工程作业，还应按包括工程所用原材料及其他物资和动力价款在内的营业额，依建筑业税目所适用的税率3%纳税。

（二）城市维护建设税和教育费附加

城市维护建设税是我国为了加强城市的维护建设，扩大和稳定城市维护建设资金的来源，以纳税人实际缴纳的增值税、消费税、营业税税额为计税依据，对有经营收入的单位和个人征收的一个税种。教育费附加也是对缴纳增值税、消费税、营业税的单位和个人征收的一种附加费。房地产开发企业通常以营业税等流转税为计税依据，依所在地区分别适用7%或5%缴纳城市建设维护税，依3%缴纳教育费附加。

（三）土地增值税

土地增值税是对转让国有土地使用权、地上的建筑物及其附着物并取得收入的单位和个人征收的一种税。土地增值税按照纳税人转让房地产所取得的增值额和规定的适用税率计算征收，纳税人转让房地产所取得的收入减除《土地增值税暂行条例》规定的扣除项目金额后的余额，为增值额。扣除项目金额包括取得土地使用权所支付的金额；开发土地和新建房及配套设施的成本；开发土地和新建房及配套设施的费用；旧房及建筑物的评估价格；与转让房地产有关的税金；加计扣除。房地产开发项目全部竣工、完成销售；整体转让未竣工决算房地产开发项目的；直接转让土地使用权等三种情况下，房产项目应该进行土地增值税清算。在土地增值税清算时未转让的房地产，清算后销售或有偿转让的，纳税人应按规定进行土地增值税的纳税申报，扣除项目金额按清算时的单位建筑面积成本费用乘以销售或转让面积计算。

（四）房产税

房产税是在城市、县城、建制镇、工矿区范围内，按房屋的计税余值或租金收入为计税依据，向相关单位和个人产权所有人征收的一种财产税。房地产开发企业开发的商品房在出售前，对企业而言只是一种产品，不缴纳房产税；但对售出前房地产开发企业已使用或出租、出借的商品房应按规定缴纳房产税；房地产开发企业建造的商品房销售转让出去并办理转移手续后，产权不属于房地产公司，按规定房地产公司不需缴商品房的房产税。也就是说，房地产开发企业自用、出租、出借本企业建造的商品房，自房屋使用或交付之次月起计征房产税。

（五）城镇土地使用税

城镇土地使用税是在城市、县城、建制镇和工矿区范围内，对拥有土地使用权的单位和个人以实际占用的土地面积为计税依据，按规定税额、按年计算、分期缴纳的一种税。房地产开发企业通过出让等方式，从土地行政主管部门取得的土地，城镇土地使用税纳税义务起始时间，按“实际取得土地时间与土地使用权登记时间孰先”的原则确定。房地产开发企业通过转让等方式从其他纳税人取得的土地，城镇土地使用税纳税义务起始时间，应由受让方从合同约定交付土地时间的次月起缴纳城镇土地使用税；合同未约定交付土地时间的，由受让方从合同签订的次月起缴纳城镇土地使用税。房地产开发企业城镇土地使用税纳税义务终止时间，按照《财政部国家税务总局关于房产税城镇土地使用税有关问题的通知》（财税〔2008〕152号）第三条的规定执行，即将开发产品交付给购买者并办理权属转移登记手续的次月。房地产开发企业自用、出租、出借本企业建造的商品房，自房屋使用或交付之次月起计征城镇土地使用税。

（六）耕地占用税

耕地占用税是国家对占用耕地建房或者从事其他非农业建设的单位和个人，依据实际占用耕地面积、按照规定税额一次性征收的一种税。耕地占用税属行为税范畴。纳税人是占用耕地建房或从事其他非农建设的单位和个人。耕地占用税采用定额税率，其标准取决于人均占有耕地的数量和经济发达程度。耕地占用税纳税人应主要依据农用地转用审批文件认定。农用地转用审批文件中标明用地人的，用地人为纳税人；审批文件中未标明用地人的，应要求申请用地人举证实际用地人，实际用地人为纳税人；实际用地人尚未确定的，申请用地人为纳税人。占用耕地尚未经批准的，实际用地人为纳税人。房地产企业已经取得的以及以后通过招标、拍卖、协议出让等方式取得的房地产用地，均应依法缴纳耕地占用税及契税。

（七）印花税

印花税是对在经济活动和经济交往中书立、领受印花税暂行条例所列举的各种凭证所征收的一种兼有行为性质的凭证税。房地产开发企业的会计账簿、营业执照等贴印花税；在土地开发咨询、施工、采购、房产出售、出租活动中所书立的合同、书据等，应按照印花税有关规定缴纳印花税；进行房屋买卖的，签订的购房合同应按产权转移书据所载金额万分之五缴纳印花税，通常在房地产交易活动同时收取；在办理房地产权属证件时，应按权利许可证照，按件交纳印花税五元。

（八）契　税

契税是对在我国境内转移土地、房屋权属时向承受土地使用权、房屋所有权的单位征收的一种税。征收范围包括国有土地使用权出让、土地使用权转让（包括出售、赠与和交换）、房屋买卖、房屋赠与和房屋交换。计税依据主要是成交价格、核定价格、交换价格差额等。房地产开发企业通过购买、受让、受赠、交换等方式取得土地使用权和房屋所有权时要缴纳契税。

（九）企业所得税

企业所得税是对我国境内的居民企业和非居民企业，在一定期间内的生产、经营所得和其他所得征收的一种税。在中华人民共和国境内，企业和其他取得收入的组织（以下统称企业）为企业所得税的纳税人。房地产开发企业所得税的征缴有其特殊性，为了加强从事房地产开发经营企业的企业所得税征收管理，规范从事房地产开发经营业务企业的纳税行为，结合企业所得税法和房地产开发经营业务的特点，近些年国家税务总局曾先后下发了《国家税务总局关于房地产开发业务征收企业所得税问题的通知》（国税发〔2006〕31号）、《房地产开发经营业务企业所得税处理办法》（国税发〔2009〕31号）等文件。

（十）个人所得税

个人所得税是以个人取得的各项应税所得对象征收的一种税。支付所得的单位或者个人为个人所得税的扣缴义务人，按照税法规定代扣代缴个人所得税，是扣缴义务人的法定义务。房地产开发企业除了“工资、薪金”所得等常规的个人所得税业务以外，还有拆迁补偿、挡光或施工补偿、晚交房和晚办产权补偿等各项补偿的涉税问题。

为便于了解和区别房地产开发企业各环节涉税问题，按照房地产开发的阶段，房地产行业各经营环节的涉税因素如表1-1：

表1-1　房地产行业各环节涉税企业纳税义务分析表

序号	环节	权利许可证及其他有效证明	行政管理部门	涉及主要税费、税率	缴纳主体	征收部门
1	土地使用	土地使用权证	国土资源行政管理部门	1. 耕地占用税：应按应税土地面积和规定的定额税率缴纳耕地占用税。	开发企业	财政部门
				2. 契税：按土地计税价格的4%缴纳。		
				3. 城镇土地使用税：按实际占用的土地面积和定额税率计算缴纳。		地税部门
				4. 个人所得税：企业职工工资薪金所得，按3%~45%的超额累进税率计算缴纳。	职工（企业扣缴）	
2	开发建设	1. 项目立项备案	发改委	1. 营业税：按工程结算收入的3%缴纳。	建筑工程承包企业	地税部门
		2. 建设许可证	建设行政管理部门	2. 城镇维护建设税：按建筑营业税税额的7%（5%、1%）缴纳。		
		3. 施工许可证		3. 教育费附加：按建筑营业税税额的3%缴纳。		
		4. 规划许可证	规划行政管理部门	4. 印花税：按工程合同金额的万分之三缴纳。 5. 企业所得税：按应纳税所得额的25% 缴纳。	1.房地产开发企业 2 建筑工程承包企业	
		5. 招投标书	建设招投标行政管理部门			
				6. 个人所得税：企业职工工资薪金所得，按3%~45%的超额累进税率计算缴纳。	职工（企业扣缴）	

续表

序号	环节	权利许可证及其他有效证明	行政管理部门	涉及主要税费、税率	缴纳主体	征收部门
3	销售转让（一级市场）	1. 商品房销售面积明细表 2. 商品房销售许可证	房地产行政管理部门	1. 营业税：按销售收入及预收账款金额的5%缴纳。	房地产开发企业	地税部门
				2. 城建税：按销售不动产营业税税额的7%（5%、1%）缴纳。		
				3. 教育费附加：按销售不动产营业税税额的3%缴纳。		
				4. 企业所得税：按当期所得额及各省、自治区、直辖市国家税务局、地方税务局规定的预计利润率计算出预计营业利润额的25%所得税率计算缴纳。		
		6. 国有土地使用权变更登记转让证明书 7. 房屋所有权	国土资源行政管理部门	5. 土地增值税：按各省、自治区、直辖市国家税务局、地方税务局规定的预征率预征。		
				6. 个人所得税：企业职工工资薪金所得，按5%~45%的超额累进税率计算缴纳。	职工（企业扣缴）	
				7. 印花税：按商品房购销合同金额的万分之三缴纳。	房地产开发企业购房人	
				8. 契税：按房屋计税价格的4%（普通住宅2%）缴纳。	购房人	财政部门
	销售转让（二级市场）	1. 国有土地使用权证书 2. 房屋所有权	房地产交易行政管理部门	1. 营业税：按5%缴纳。	卖房人	地税部门
				2. 城建税：按营业税税额的7%（5%、1%）缴纳。		
				3. 教育费附加：按销售不动产营业税税额的3%缴纳。		
				4. 土地增值税：对纳税人转让旧房按规定计算增值额和税率计征。		
				5. 个人所得税：财产转让所得，按20%的税率缴纳。		
				6. 印花税：按商品房购销合同金额的万分之三缴纳。	卖房人、购房人	
				7. 契税：按房屋计税价格的4%（普通住宅2%）缴纳。	购房人	财政部门

续表

序号	环节	权利许可证及其他有效证明	行政管理部门	涉及主要税费、税率	缴纳主体	征收部门
4	装饰装潢	装饰装潢工程招投标合同	建设招投标行政管理部门	1. 营业税：按工程结算收入的3%缴纳。	工程施工企业	地税部门
				2. 城市维护建设税：按建筑营业税税额的7%（5%、1%）缴纳。		
				3. 教育费附加：按建筑营业税税额的3%缴纳。		
				4. 印花税：按工程合同金额的万分之三缴纳。		
				5. 企业所得税：按应纳税所得额的25%缴纳。		
				6. 个人所得税：企业职工工资薪金所得，按3%~45%的超额累进税率计算缴纳。	职工（企业扣缴）	
5	使用	房产土地信息	房地产、国土资源行政管理部门	1. 房产税：按房产（自建自用）计税余值的1.2%缴纳，按房屋（自建出租）出租租金收入的12%缴纳。（注：企业自用住宅房产按政府规定租金标准出租给本企业职工居住的，免征房产税。）	1. 房地产开发企业 2. 购房企业	—
				2. 营业税：按房屋租金收入的5%缴纳。		
				3. 土地使用税：按使用房产实际占用面积和定额税率计算缴纳。		
				4. 印花税：按房屋出租合同租金金额的千分之一缴纳。		
				5. 企业所得税：按应纳税所得额的25%缴纳。		
				6. 个人所得税：企业职工工资薪金所得，按3%~45%的超额累进税率计算缴纳。	职工（企业扣缴）	

续表

序号	环节	权利许可证及其他有效证明	行政管理部门	涉及主要税费、税率	缴纳主体	征收部门
5	使用	房产土地信息	房地产、国土资源行政管理部门	1. 房产税：（自购自用生产经营用房）按房产计税余值的1.2%缴纳；按房屋出租租金收入的12%缴纳。（个人按市场价格出租住房用于居住的，减按4%缴纳）。（注：自购自用住宅免征房产税、土地使用税）	购房个人	—
				2. 营业税：按房屋租金收入的5%缴纳。		
				3. 土地使用税：按使用房产实际占用面积和定额税率计算缴纳。		
				4. 印花税：按房屋出租合同租金金额的千分之一缴纳。		
				5. 个人所得税：按房屋出租合同租金所得减按10%计算缴纳。		
6	物业管理	—	房地产行政管理部门	1. 营业税：按物业管理服务费收入的5%缴纳。	物业管理企业	地税部门
				2. 城市维护建设税：按建筑营业税税额的7%（5%、1%）缴纳。		
				3. 教育费附加：按建筑营业税税额的3%缴纳。		
				4. 企业所得税：按应纳税所得额的25%缴纳。		
				5. 个人所得税：企业职工工资薪金所得，按3%~45%的超额累进税率计算缴纳。	职工（企业扣缴）	

三、房地产开发企业涉税管理的要求

作为从事房地产开发和经营的房地产企业，在经营、财务结构、组织结构等方面具有独特性，这些特点决定房地产企业涉税管理方面具有独特性。

（一）业务范围广泛性导致涉税管理内容涉及面广

房地产开发产品要从规划设计开始，经过可行性研究、征地、拆迁、安置补偿、建筑安装、配套工程、绿化环卫工程、产品上市等多个阶段，经过一段相当长时期才能全部完成。房地产开发企业的主要经营活动包括：规划设计、征地拆迁、房产建造、工程验收、经营销售、物业管理、维修服务等。可见，房地产开发企业跨越生产和流通两个领域，房地产开发企业必须建立精细而复杂的财税管理模式，才能适应多样化业务的需要。

（二）筹集资金多源性导致涉税管理内容专业性强

房地产投资是资金密集型的投资，房地产每一个开发阶段都需要投入大量资金，加上开发产品本身的造价很高，需要不断地投入大量的资金。对一般的房地产企业来说，预售款与银行贷款假设为其获得资金最重要的渠道。随着房地产企业资本运作能力的提高，房地产信托投资基金、股权投资、委托贷款等一些新的融资方式广泛被一些房地产企业采用。房地产投资的规模越大、融资方式越多。房地产企业资金来源多样化，流转环节多，每个环节都伴有相应的税收。这要求企业涉税人员必须具备更专业的知识，完成企业纳税管理工作。

（三）经营开发周期性导致收入费用确认难度加大

周期越长、不确定因素越大，风险也就越大。房地产开发企业开发成本费用种类多，结构复杂。主要包括：土地费、前期工程费、基础设施建设费、建筑安装费、开发间接费、土地转让成本、商品房销售成本、配套设施销售成本、出租房产经营成本等。房地产开发周期越长，各种社会经济环境条件发生变化的可能性就越大，产品的成本和售价的不确定性就越大；如随着政府土地政策的变化，土地拍卖价格变化变动越大，房地产企业成本和售价变动越大；随着利率水平的变动，房地产企业成本和售价也发生相应变动。房地产企业成本费用复杂。这些因素的变化，使得如何确认税务收入与费用成为房地产开发企业涉税管理的一个重要内容。

（四）房地产产品特性导致涉税管理地域性特征强

土地与房屋同属于不动产范畴，房地产的不可移动性是其区别于其他商品的一个重要特征。房地产位置的固定性造成房地产产品的区域性和个别性，造成不同城市之间，同一城市不同区域、地段之间的差异性。房地产的价值在很大程度上取决于其所处的地理位置，而地理位置则取决于该城市、区域、地段未来发展的趋势，未来发展的不确定性是房地产投资的重要风险因素之一。因此，房地产产品与所处的地区、地段的社会经济及地理环境的优劣密切相关，而这些条件的变化非常复杂，有很多不确定的因素在起作用，房地产企业的涉税管理必然承担项目所处地方政府税收政策变化所带来的风险。另外，在组织结构上，大多数房地产公司都按照投资项目成立多个项目分公司。成立项目分公司给管理带来一定的好处，同时也增加了纳税管理的难度，涉税人员要熟悉相应地方政府的相关财税政策，控制区域性税收政策风险。

第二节　房地产开发企业涉税制度及其框架构建

一、涉税制度设计的性质

企业涉税制度设计就是根据一定的理论、原则并结合实际，运用文字、图表等形式对企业全部涉税经济业务、涉税机构以及人员的职责进行系统规划的工作，它是企业管理的重要组成部分。房地产开发企业做好涉税制度设计是做好企业财税工作的前提，制度设计的优劣直接影响着今后的财税工作的效果，影响到企业整体效益和风险。

一切社会政治、经济、文化的发展，归根到底是由生产力发展水平所决定的。与此同时，一切社会的生产，都是在一定的生产关系中进行的。涉税制度设计是一项实务性、方法性较强的工作，但设计过程必须考虑企业的发展水平、经济利益关系对制度的要求，设计的结果即涉税制度本身既属于上层建筑，又必然体现企业所有者的意志和要求。企业涉税制度设计作为一种管理活动，和一切经济管理工作一样，具有自然属性和社会属性。企业涉税制度设计的产生和发展，归根到底是由企业的发展水平所决定的。房地产企业的规模大小、发展水平的高低决定着企业涉税制度设计的主要内容。房地产开发企业在日常的生产经营中，涉及出资人、政府、债权人、业主等方方面面的利益。因此，企业通过涉税制度设计要调动各方面的积极性，协调好生产经营过程的各个环节，争取最大的经济效益。

二、涉税制度设计的任务

企业涉税制度设计是为进行涉税业务和管理工作制定的规范。涉税制度设计必须针对现实的或将发生的经营管理工作中存在的涉税问题，提出解决的原则或办法，并以制度的形式固定下来，作为日常经营管理工作的依据。企业涉税制度设计作为一种实践活动，其具体对象是经营管理工作的全过程，它通过设置相应机构、配备相关人员、设计动态的涉税信息系统，运用特定的方法和渠道反馈到企业的经营管理工作中去。正因为如此，企业涉税制度设计可以理解为特定纳税主体以国家统一的涉税法规制度为依据研究企业涉税事务处理办法、涉税业务核算体系和涉税业务风险监控工作程序的一项行为设计活动。房地产开发企业在进行涉税制度设计时，要根据本企业的性质、业务的范围、分支机构和人员的多少，以及管理的需要等多种因素，明确涉税机构及相关涉税人员的职责，并在此基础上，建立一套严密的涉税信息系统和有效的涉税风险控制系统，作为日常涉税经营管理工作的依据。建立这些制度，控制税务风险，以保证企业经营管理工作的顺利完成，实现企业经济效益的提高，就是涉税制度设计的目标。

（一）明确涉税机构的设置和人员的职责

涉税工作要求对特定主体经济活动进行核算和监督。为保证独立地行使财税管理基本职能，不受其他业务部门的干扰，涉税管理机构应具有一定的独立性。在此前提下，根据特定主体的经济经营规模、内部管理体制及业务量的多少等，确定涉税机构的职责、人员的配置及其内部的分工。

（二）建立一套严密的涉税信息系统

涉税信息系统的建立是涉税制度设计的基础，是确定企业业务和项目涉税风险及内容、企业会计核算，进行财务分析的重要依据。设计的涉税信息系统应当能够反映企业有关投资、筹资、经营活动中的涉税信息，以帮助企业管理当局加强内部经营管理，提高效益，实现其经营目标。

（三）确定一套有效的涉税风险控制系统

涉税机构及人员对本单位经济业务进行监督，是《会计法》规定并受到《会计法》保护的。企业涉税制度设计的任务之一，就是规划有效的内部税务风险控制制度，明确规定所有经办人员在岗位分工、业务处理上和凭证手续上的责任，使涉税机构及人员既便于履行法律责任，又能使依法行使监督职权受到法律的保障，同时也利于涉税行为的自我纠正和自我完善，保护资财的安全完整，保证涉税信息的正确性和真实性。

企业涉税制度设计应该遵循合法性、效益性的原则，并将税务风险控制与企业内部控制制度建设紧密结合起来，实现企业内部管理的规范化和标准化，实现企业管理权限相对集中，保持相关涉税制度的相对稳定性。

三、房地产开发企业涉税制度的框架

2008年财政部、证监会、审计署、银监会、保监会联合发布了《企业内部控制基本规范》，标志着适应我国企业实际情况、融合国际先进经验的中国企业内部控制规范体系开始构建。我国内部控制规范的目标是合理保证企业经营管理合法合规、资产安全、财务报告及相关信息真实完整，提高经营效率和效果，促进企业实现发展战略。企业建立与实施有效的内部控制，主要包括：①内部环境。内部环境是企业实施内部控制的基础，一般包括治理结构、机构设置及权责分配、内部审计、人力资源政策、企业文化等。②风险评估。风险评估是企业及时识别、系统分析经营活动中与实现内部控制目标相关的风险，合理确定风险应对策略。③控制活动。控制活动是企业根据风险评估结果，采用相应的控制措施，将风险控制在可承受度之内。④信息与沟通。信息与沟通是企业及时、准确地收集、传递与内部控制相关的信息，确保信息在企业内部、企业与外部之间进行有效沟通。⑤内部监督。内部监督是企业对内部控制建立与实施情况进行监督检查，评价内部控制的有效性，发现内部控制缺陷，应当及时加以改进。2010年4月26日，财政部、证监会、审计署、银监会、保监会联合发布了《企业内部控制配套指引》，连同之前的基本规范，我国的企业内部控制规范基本形成。

目前许多大企业还没有建立起有效的内部控制体系，一些企业尽管在不同程度上建立了内部控制制度，但都偏重财务报表目标，而不太重视涉税合规目标。企业内部控制规范重点关注的是企业经营目标和财务报告方面的目标，税务合规方面内容缺乏或单薄，《大企业税务风险管理指引（试行）》（国税发〔2009〕90号）将税务风险纳入内部控制建设体系中来，在一定程度上解决了前述问题。按照《大企业税务风险管理指引（试行）》的规定，企业税务风险管理的主要目标是：税务规划具有合理的商业目的，并符合税法规定；经营决策和日常经营活动考虑税收因素的影响，符合税法规定；对税务事项的会计处理符合相关会计制度或准则以及相关法律法规；纳税申报和税款缴纳符合税法规定；税务登记、账簿凭证管理、税务档案管理以及税务资料的准备和报备等涉税事项符合税法规定。企业可以参照该指引，结合自身经营情况、税务风险特征和已有的内部风险控制体系，建立相应的税务风险管理制度。

税务风险管理是企业整体风险管理的一部分，各个要素和各个流程都很重要，但相对而言，税务风险管理有自己的特殊性。企业涉税制度设计应该体现税务风险管理的目标。因此，涉税制度设计要强调企业内部的税务机构设置和人员配置，岗位职责和授权，风险评估和重要业务流程内控，技术运用和信息沟通等与涉税风险管理直接相关的内容。企业涉税制度设计旨在引导企业建立全方位的税务风险管理和内部控制机制，以参与企业制度建设的方式提前介入企业纳税管理环节，实现税务管理环节的前移，辅导企业提前防范税务风险，变发现型控制为预防型控制；重在引导企业自我管理，变被动管理为主动管理，实现自我遵从。涉税制度设计要将要素和流程中的重点突出出来，重在解决税务风险管理实际工作中的问题。

房地产开发企业应根据税务风险评估的结果，考虑风险管理的成本和效益，在整体管理控制体系内，制定税务风险应对策略，建立有效的内部控制机制，合理设计税务管理的流程及控制方法，全面控制税务风险；应根据风险产生的原因和条件，从组织机构、职权分配、业务流程、信息沟通和检查监督等多方面建立税务风险控制点，根据风险的不同特征采取相应的人工控制机制或自动化控制机制，根据风险发生的规律和重大程度建立预防性控制和发现性控制机制；应针对重大税务风险所涉及的管理职责和业务流程，制定覆盖各个环节的全流程控制措施；对其他风险所涉及的业务流程，合理设置关键控制环节，采取相应的控制措施；企业税务部门应参与企业战略规划和重大经营决策的制定，并跟踪和监控相关税务风险。房地产开发企业应与税务机关和其他相关单位保持有效的沟通，建立和完善税法的收集和更新系统，及时汇编企业适用的税法并定期更新；确保企业财务会计系统的设置和更改与法律法规的要求同步，合理保证会计信息的输出能够反映法律法规的最新变化。

除了在日常的经营管理环节体现税务内控的思想，企业涉税制度还要包括税务风险管理组织机构、岗位和职责；税务风险识别和评估的机制和方法；税务风险控制和应对的机制和措施；税务信息管理体系和沟通机制；税务风险管理的监督和改进机制等。通常情况下，房地产开发企业在设计以下内部制度时，要注意涉税条款的设定：人力资源管理制度，企业财务管理制度，成本管理暂行办法，会计核算制度，现金管理办法，临时用工管理制度，物资采购管理办法，固定资产管理制度，设备日常维修管理办法，物业管理服务收费管理办法，发票管理办法，商品房买卖管理制度，房地产中介、房权及税费管理办法，房地产抵押、转让与房屋租赁管理办法等。

第三节 房地产开发企业涉税合同管理及其内容

一、涉税条款控制是合同管理的重要方面

市场经济是一种契约经济，各种交换行为是通过符合法律条款的经济合同加以约束和实现。经济合同通常是企业从事经济活动的基础和前提，经济合同一旦签订，其后履行过程中产生的纳税义务、纳税义务发生时间就已经确定，无法改变。如果不对经济合同的涉税条款事前审核，将给公司带来重大损失。然而有些企业在签订经济合同时，比较注重合同的格式、法律文书的表述方式，只关注双方的权利、义务及法律风险，以避免日后合同履行过程中引起法律纠纷，却很少关注涉税条款的描述。纳税人与税务机关的许多纳税争议均源于经济合同中涉税条款的不明确。税收政策多如牛毛，一旦税务机关认定错误，纳税人的合法权益将得不到保护。例如，某企业将闲置的厂房对外出租，如果租赁合同中没有将房租、设备租金和场地使用费合理划分，将会导致多缴房产税；许多促销合同中的"赠送"行为，常被税务机关视同销售征税；甚至地方政府与企业签订的招商引资合同中也有无效的减免税条款，而得不到履行。这样的案例，每天都在发生。因此，涉税合同必须注重税务风险的控制，在经济合同中依法对纳税事宜作出事先安排并承担合理的税负，这是每个企业应注意的问题。

经济合同的涉税风险主要是纳税义务的风险、纳税时间的风险、税收发票的风险、关联交易的风险、税收成本的风险等方面。房地产企业可以据此进行税收安排，并在合同上具体反映。比如在购销合同中，销售方式、结算方式不同，销售收入的实现时间不同，纳税义务发生的时间也不同。比较常见的一个情况：房地产销售价格的变化，直接影响

房地产收入的增减，但在确定房地产销售价格时，要考虑价格提高带来的收益与不能享受优惠政策而增加税负两者间的关系。对于普通住宅的房价，当增值率不超过20%时，可以免征土地增值税，提高房价可以为企业带来更多收益，但必须保证增值率不超过20%。再比如印花税的问题，房产租赁合同在签订时无法确定计税金额，只是规定了月租金标准而无租赁期限的，对这类合同，可在签订合同时先按定额5元贴花，以后结算时再按实际金额计税，补贴印花。也就是说，对于有些合同，在保证双方利益的前提下，如果暂不确定合同上所载金额，可以适当延缓纳税，也可以减少实际金额与预计金额差异而引起的多缴税款。

在合同签订的环节进行纳税筹划，是涉税合同管理的一项重要内容。比如某企业拟出售一幢各种设施齐全的房产。如市场评估价是1000万元，其中各种动产设备的价格为250万元。如果购销双方签订合同时，将全部金额以房地产转让价格的形式在合同上体现，则增值额自然会增加。土地增值税适用超率累进税率，增值额越大，适用的税率越高，应纳税额也会增加。 如果当事人签订合同时将收入分散，只签订750万元房地产转让合同，同时另签一份动产设备购销合同或者委托代购协议。这样可以使增值额变小，节省土地增值税，且由于购销合同印花税率低于产权转移书据税率。也节省印花税，一举两得。

二、房地产开发企业涉税合同的范围

企业合同管理是指企业对以自身为当事人的合同依法进行订立、履行、变更、解除、转让、终止以及审查、监督、控制等一系列行为的总称。其中订立、履行、变更、解除、转让、终止是合同管理的内容;审查、监督、控制是合同管理的手段。合同管理必须是全过程的、系统性的、动态性的。房地产开发企业涉税合同管理的重点是对相关合同在订立、履行、变更中的涉税条款进行统筹安排，涉及合同管理的岗位分工、职责、流程、审批等问题。房地产开发企业在日常的生产经营中，会产生大量的合同，涉税合同通常包括：材料采购合同、设备采购合同、资产定做合同、房屋拆迁安置补偿合同、建设工程施工合同、室内装修工程施工合同、绿化工程施工合同、设备供货安装类合同、营销推广合同、房地产销售代理合同、房产抵押借款合同、住宅租赁合同、商铺租赁合同、场地租赁合同范本、房地产代理销售合同 、房地产项目转让合同、房地产项目合作开发合同、房屋拆迁承包合同、房屋拆迁安置补偿合同等。

三、涉税合同风险的一般控制点

（一）合同当事人的确定

合同当事人往往直接决定纳税义务人和纳税地点。如甲、乙双方均为中华人民共和国境内企业或个人，在境内发生不动产买卖，根据《营业税暂行条例》规定在中华人民共和国境内提供本条例规定的劳务、转让无形资产或者销售不动产的单位和个人，为营业税的纳税人。对于中华人民共和国境外的单位或者个人在境内提供应税劳务、转让无形资产或者销售不动产，在境内未设有经营机构的，《营业税暂行条例》规定以其境内代理人为扣缴义务人；在境内没有代理人的，以受让方或者购买方为扣缴义务人。例如，《关于设计劳务营业税纳税人及纳税地点问题的批复》（国税函〔2010〕42号）在对大连市地方税务局《关于设计劳务营业税纳税地点问题的请示》（大地税发〔2009〕82号）进行批复时，对设计劳务营业税纳税人及纳税地点进行了明确，按照现行营业税政策规定，在境内提供设计劳务并收取价款的单位和个人为营业税纳税义务人，其提供设计劳务的营业税纳税地点为该纳税人的机构所在地；只签订劳务合同、未提供设计劳务并收取价款的单位和个人，不能作为营业税纳税义务人。

（二）合同标的的确定

合同标的往往决定税目、税率、纳税环节和纳税地点。比如甲公司准备购买乙公司的一处房产，如果直接接受房产转让，乙公司要按照销售不动产缴纳营业税。出于节约税金的目的，合同双方可以改变交易模式为甲公司收购乙公司100％的股权，变销售不动产为转让无形资产，而根据财税〔2002〕191号文件规定：对股权转让不征收营业税。合同标的也会决定税率，比如按照《关于调整房地产交易环节契税、个人所得税优惠政策的通知》（财税〔2010〕94号）规定，对个人购买普通住房，且该住房属于家庭（成员范围包括购房人、配偶以及未成年子女，下同）唯一住房的，减半征收契税。对个人购买90平方米及以下普通住房，且该住房属于家庭唯一住房的，减按1％税率征收契税。合同标的不同纳税环节也会不同，比如按照《营业税条例》的一般规定，营业税纳税义务发生时间为纳税人提供应税劳务、转让无形资产或者销售不动产并收讫营业收入款项或者取得索取营业收入款项凭据的当天。而在《营业税暂行条例实施细则》中规定，纳税人转让土地使用权或者销售不动产，采取预收款方式的，其纳税义务发生时间为收到预收款的当天。合同标的还将决定纳税地点，比如纳税人转让土地使用权或者销售不动产涉及营业税的，根据《营业税暂行条例》及其实施细则在土地使用权或者不动产所在地缴纳。

（三）合同交易数量和金额

合同数量决定纳税人身份与税率。我国《土地增值税暂行条例》的规定，土地增值税按照纳税人转让房地产所取得的增值额和税法规定的30%～60%的四级超率累进税率计算征收。因此房地产企业在增值税纳税管理中最关键的一点就是合理合法地控制、降低增值额。增值额是纳税人转让房地产的收入减除扣除项目的金额的余额，因此如何合理、合法地确定收入，便成了降低税负的关键。《个人所得税法》及其实施条例规定：劳务报酬所得，适用比例税率，税率为20%。对劳务报酬所得一次收入畸高的，可以实行加成征收，具体办法由国务院规定。对前款应纳税所得额超过2万元至5万元的部分，依照税法规定计算应纳税额后再按照应纳税额加征五成；超过5万元的部分，加征十成。

（四）标的物质量决定税基及计税依据

标的物质量决定税基及计税依据。合同执行中往往会对货物质量要求作出约束性规定，如果履约时存在质量瑕疵，需要进行折扣，从而导致支付减少。按照国税函〔2011〕56号文件规定：纳税人采取折扣方式销售货物，销售额和折扣额在同一张发票上分别注明是指销售额和折扣额在同一张发票上的“金额”栏分别注明的，可按折扣后的销售额征收增值税。未在同一张发票“金额”栏注明折扣额，而仅在发票的“备注”栏注明折扣额的，折扣额不得从销售额中减除。《国家税务总局关于确认企业所得税收入若干问题的通知》（国税函〔2008〕875号）规定：企业因售出商品的质量不合格等原因而在售价上给予的减让属于销售折让；企业因售出商品质量、品种不符合要求等原因而发生的退货属于销售退回。企业已经确认销售收入的售出商品发生销售折让和销售退回，应当在发生当期冲减当期销售商品收入。而建筑施工企业在施工过程中获得的施工质量奖、进度奖，都要计入建造合同收入，征收营业税。

（五）合同履行期限、地点及方式

合同履行期限要素、地点及方式决定了纳税期限和优惠政策。比如《财政部国家税务总局关于房产税、城镇土地使用税有关政策的通知》（财税〔2006〕186号）规定：以出让或转让方式有偿取得土地使用权的，应由受让方从合同约定交付土地时间的次月起缴纳城镇土地使用税；合同未约定交付土地时间的，由受让方从合同签订的次月起缴纳城镇土地使用税。合同履行地点决定了企业纳税地点，比如《营业税暂行条例》规定，纳税人提供应税劳务应当向其机构所在地或者居住地的主管税务机关申报纳税。但是，纳税人提供的建筑业劳务以及国务院财政、税务主管部门规定的其他应税劳务，应当向应税劳务发生地的主管税务机关申报纳税。合同中约定的销售方式不同也会影响到纳税期限，比如国家税务总局《关于房地产开发有关企业所得税问题的通知》（国税发〔2003〕83号）规定，采取一次性全额收款方式销售开发产品的，应于实际收讫价款或取得了索取价款的凭据（权利）时，确认收入的实现，而采取分期付款方式销售开发产品的，应按销售合同或协议约定付款日确认收入的实现。付款方提前付款的，在实际付款日确认收入的实现。

（六）合同违约责任

在流转税中往往将违约金作为价外费用处理。这在《增值税暂行条例实施细则》、《营业税暂行条例实施细则》、《消费税暂行条例实施细则》中均有规定。国家税务总局《关于个人股权转让过程中取得违约金收入征收个人所得税问题的批复》（国税函〔2006〕866号）股权成功转让后，转让方个人因受让方个人未按规定期限支付价款而取得的违约金收入，属于因财产转让而产生的收入。转让方个人取得的该违约金应并入财产转让收入，按照“财产转让所得”项目计算缴纳个人所得税，税款由取得所得的转让方个人向主管税务机关自行申报缴纳。

第2章

公司设立与征地环节的涉税处理

第一节　主要涉税风险点

一、公司设立的涉税风险点

房地产开发企业在确定了开发项目后，首先面临的就是以何种公司形式参与该项目，这也是房地产企业纳税风险控制的起点。房地产企业应根据市场现状、宏观经济环境、企业财务现状等综合因素选择最有利的运作模式。房地产企业投资主体、权益比例、投资资产类别以及注册所在地对未来的开发项目都会带来一定的纳税问题。比如就开发项目而言，是设置法人子公司还是非法人的二级分公司或项目经理部，就是在实务中需要结合未来纳税问题作出的选择。

（一）投资主体的性质选择

投资主体的性质直接决定企业的经济类型。房地产开发企业一般都是公司制，经济类型具有多样性，有国有企业、集体所有制企业、私营企业、股份制企业、外商投资企业、港澳台投资企业、股份合作企业等多种经济形式。选择经济形式，也就等于选择了税后利润分配的税务成本。

境内企业股东和境外企业股东分配相同利润，实际收益会有差别。根据《企业所得税法》的规定，非居民企业取得股息、红利等权益性投资收益以收入全额为应纳税所得额缴纳企业所得税，适用税率为20%，可减按10%计算。另外，根据《国家税务总局关于下发协定股息税率情况一览表的通知》（国税函〔2008〕112号）和《国家税务总局国际税务司关于补充及更正协定股息税率情况一览表的通知》（际便函〔2008〕35号）的规定：2008年1月1日起，非居民企业从我国居民企业获得的股息将按照10%的税率征收预提所得税，但是，我国政府同外国政府订立的关于对所得避免双重征税和防止偷漏税的协定以及内地与香港、澳门间的税收安排，与国内税法有不同规定的，依照协定的规定办理。而居民、企业直接投资于其他居民、企业取得的股息、红利等权益性投资收益为免税收入。

（二）自有资本与债务资本的比较

权益性资本与债务性资本构成企业的两大资金来源。企业债务资本与权益资本的比例关系，反映了企业资本结构的状况。如果房地产开发企业能够保持适当的债务资本，债务利息的企业所得税前扣除可以取得财务上的良性效应，降低企业所得税支出。

权益性资本或债务性资本对土地增值税的影响主要表现在房地产资金信托融资中。目前，房地产资金信托主要有两种模式：一种是信托债务融资，即房地产开发企业向信托公司举债进行项目开发，约定按期支付本息；另一种是信托股权融资，即房地产开发企业直接吸收信托公司投资用于开发项目。

在信托债务融资方面，《国家税务总局关于土地增值税清算有关问题的通知》（国税函〔2010〕220号）规定：①财务费用中的利息支出，凡能够按转让房地产项目计算分摊并提供金融机构证明的，允许据实扣除，但最高不能超过按商业银行同类同期贷款利率计算的金额。其他房地产开发费用，在“取得土地使用权所支付的金额”与“房地产开发成本”金额之和的5％以内计算扣除。②凡不能按转让房地产项目计算分摊利息支出或不能提供金融机构证明的，房地产开发费用在“取得土地使用权所支付的金额”与“房地产开发成本”金额之和的10%以内计算扣除。房地产开发企业信托债务融资所支付的利息应该能够提供金融机构证明，比如融资合同及利息单据，且融资合同一般明确了具体开发项目专款专用，也可以做到按转让房地产项目计算分摊利息。但是应该注意，信托公司虽然属于金融机构但不属于商业银行，其所收取的利息及融资顾问费不会低于商业银行同类同期贷款利率计算的利息金额。如果据实扣除，房地产企业信托利息支出超过按商业银行同类同期贷款利率计算的利息部分就不能计入开发费用予以扣除。

在信托股权融资方面，与信托债务融资不同，房地产企业到期后需要股权溢价赎回信托公司所持股份，股权转让溢价所得即信托公司实质上的利息收入。信托股权融资由于不能够在税前列支融资成本，企业需额外承担多缴的土地增值税和企业所得税。

（三）公司注册地与项目所在地的权衡

无论是设立单一的房地产开发企业还是设立独立核算的项目子公司，注册地、项目所在地往往是影响税务风险的重要方面。按照《营业税暂行条例》规定，纳税人转让、出租土地使用权，应当向土地所在地的主管税务机关申报纳税；纳税人销售、出租不动产应当向不动产所在地的主管税务机关申报纳税。《土地增值税暂行条例》也规定，纳税人应当自转让房地产合同签订之日起七日内向房地产所在地主管税务机关办理纳税申报，并在税务机关核定的期限内缴纳土地增值税。《城镇土地使用税暂行条例》规定，土地使用税由土地所在地的税务机关征收。按照《房产税暂行条例》的规定，房产税也是在房产所在地缴纳。

房地产开发企业经营过程主要依赖于土地，随着开发地块的变化不断变换经营地点，而每一开发项目所在地的税务机关对其均有营业税、土地增值税等主要税种的绝对管辖权，由于不同税种缴纳存在的属人和属地差别，从降低纳税成本的角度来看，房地产企业选址一般会选择项目所在地，以保证企业注册地与项目所在地一致。已经设立的房地产企业外出经营，如果不想接受项目所在地税务机关的企业所得税管理，通常会增设项目部或二级分支机构来进行开发；如果想转移企业所得税管辖权，可以设立项目子公司进行开发。

（四）分公司或子公司的权衡

根据《公司法》第十四条规定，子公司具有法人资格，依法独立承担民事责任；分公司不具有法人资格，其民事责任由公司承担。按照《企业所得税法》的规定，企业所得税以法人单位缴纳，因分公司不具有法人资格，由公司汇总缴纳企业所得税。因此，设置分公司可以调节盈亏，合理减轻公司整体企业所得税的负担。当总机构赢利而新设置的分支机构可能出现亏损时，应当选择总分公司模式。但是，分支机构不具有独立法人资格，不能进行独立的利润分配。当公司运作多个项目，若有一个项目出现闪失，其他项目就会受到牵连。因此，分公司与子公司的选择并没有固定的、一成不变的模式，企业应当根据自身的发展状况灵活变化。当企业设立分支机构时，由于设立初期分支机构面临高昂的成本支出，所以亏损的概率较高，通常采用分公司的形式较为合适，可以享受和总部收益盈亏互抵的好处。经过两三年的经营，分公司开始转亏为盈时，再把分公司变更注册为子公司，则可以降低分支机构对总机构的法律影响。

土地使用权转让一般要缴纳契税。设立分公司还是子公司应当考虑土地内部流转所应当缴纳的契税。如果准备以子公司名义开发的土地不是以子公司名义取得，而是母公司转移到子公司，一般有两种途径：一是母公司以土地使用权作价投资设立子公司，此种情况下要按规定缴纳契税；二是先以货币资金成立子公司，而后以土地使用权增资扩股的方式转移至子公司。这个过程中要考虑对契税的影响。

（五）以土地作价投资的涉税问题

如果直接以货币出资设立房地产开发企业，涉税问题相对简单。不过，目前的房地产开发企业的组织架构呈现多样化态势。例如母公司购买的土地不一定要以自己的名义去开发，也可能直接以土地使用权作为投资设立子公司。经营地主管税务机关出于保留税源的考虑，也鼓励企业在当地办理独立经营的子公司。这种以土地作价投资子公司面临的税务政策包括：根据财税〔2002〕191号文件规定，以无形资产、不动产投资入股，参与接受投资方利润分配，共同承担投资风险的行为，不征收营业税；根据财税字〔1995〕048号和财税〔2006〕21号文的规定，对土地（房地产）作价入股进行投资时，暂免征收土地增值税，但凡所投资、联营的企业从事房地产开发的，或者房地产开发企业以其建造的商品房进行投资和联营的，均不适用暂免征收土地增值税的规定；根据国税发〔2000〕118号文的规定，企业以经营活动的部分非货币资产对外投资，应在投资交易发生时，将其分解为按照公允价格销售有关非货币性资产和对外投资两项经济业务进行所得税处理；按照财税〔2008〕175号文件规定，企业改制重组过程中，同一投资主体内部所属企业之间土地、房屋权属的无偿划转，包括母公司与其全资子公司之间，同一公司所属全资子公司之间，同一自然人与其设立的个人独资企业、一人有限公司之间土地、房屋权属的无偿划转，不征收契税。

二、取得土地的涉税风险点

房地产开发企业土地取得方式及来源渠道是多种多样的，可以归纳为招拍挂、划拨、购买在建工程、合作开发、收购项目公司、特殊开发项目等方式。房地产开发企业不同的拿地方式不仅会影响土地购置成本，而且会影响企业契税、营业税、企业所得税、土地增值税等的缴纳。依据《耕地占用税暂行条例》规定，纳税人以实际占用的耕地面积为计税依据，按照规定的税额一次性缴纳耕地占用税；房地产开发企业作为土地受让方还要按照《契税暂行条例》的规定按成交价格的3%缴纳契税；房地产开发企业无论受让土地还是购买土地，均应缴纳印花税，税率为0.5‰；征用的耕地，自批准征用之日起满一年时开始缴纳城镇土地使用税，征用的非耕地，自批准征用次月起缴纳城镇土地使用税。

除以上税金外，取得土地还涉及土地登记费以及房地产开发过程中要缴纳的行政事业性收费和政府性基金等。

第二节　业务流程中涉税风险控制

一、公司设立的选择及其涉税风险控制

房地产开发企业的基本组织形式通常有三种，即个人独资企业、个人合伙企业和公司企业。这也是国际上通行的企业组织形式。个人独资企业是指依法设立由一个自然人投资，财产为投资人个人所有，投资人以其个人财产对公司债务承担无限责任的经营实体。合伙企业是依法设立，由各合伙人订立合伙协议，共同出资，合伙经营，共享收益，共担风险，并对合伙企业债务承担无限连带责任的营利组织。公司制企业依照《公司法》设立，又分为有限责任公司和股份有限公司。有限责任公司是依法设立，股东以其出资额为限对公司承担责任，公司以其全部资产对公司的债务承担责任的企业法人。股份有限公司是依法设立，其全部股本分为等额股份，股东以其所持股份为限对公司承担责任，公司以其全部资产对公司的债务承担责任的企业法人。在现代企业的各种组织形式中，股份有限公司居企业组织形式的主导地位。股份有限公司是与其所有者即股东相独立和相区别的法人。

当房地产开发企业要进行跨地区经营时，常见的做法就是在其他地区设立下属机构，即开办子公司或分公司。其中，子公司是指一定数

额的股份被母公司控制或依照协议被母公司实际控制、支配的公司；分公司是指在业务、资金、人事等方面受总公司管辖而不具有法人资格的分支机构。分公司没有自己的名称、章程，没有自己的财产，并以总公司的资产对分公司的债务承担法律责任。子公司具有独立法人资格，拥有自己所有的财产，自己的公司名称、章程和董事会，以自己的名义开展经营活动、从事各类民事活动，独立承担公司行为所带来的一切后果和责任，但涉及公司利益的重大决策或重大人事安排，仍要由母公司决定。分公司属于分支机构，在法律上、经济上没有独立性，仅仅是总公司的附属机构。在税务风险控制上，子公司和分公司也略有不同。

企业组织形式的选择及公司设立环节的主要风险控制点，如表2-1。

表2-1 企业组织形式的选择及税务风险控制点

公司组织形式		经营特点及涉税风险控制点
公司形式的选择	个人独资企业	只有一个出资者；出资人对企业债务承担无限责任；独资企业不作为企业所得税的纳税主体。
	合伙企业	有两个以上出资者；合伙人对企业债务承担连带无限责任；合伙人按照对合伙企业的出资比例分享利润或分担亏损；合伙企业不交纳企业所得税。
	有限责任公司	有2~50个出资者；对公司债务承担有限责任；公司交纳企业所得税。
	股份有限公司	有限责任；永续存在；可转让性；易于筹资；公司交纳企业所得税。
公司从属机构的选择	子公司	子公司是独立核算并独立申报纳税；子公司承担全面纳税义务；子公司是独立法人可以享受免税期限、优惠政策等在内的各种优惠政策。
	分公司	分公司不是独立法人，由总公司进行核算盈亏和统一纳税；分公司只承担有限纳税义务；分公司作为非独立法人，不能享受某些优惠政策。

二、取得土地流程中涉税风险控制

房地产开发企业在项目开发前，通过各种途径获得国有土地使用权，涉及的地方税种主要有契税、耕地占用税、印花税、城镇土地使用税。具体涉税风险控制点如表2-2所示：

表2-2　取得土地环节涉税风险控制

税　种	主要规定	涉税风险控制
契税	房地产企业通过出让、受让、抵债、接受投资、受赠等直接取得土地使用权，就属于契税的征税范围。 土地使用权出让、土地使用权出售、房屋买卖的计税依据是成交价格，包括承受者应交付的货币、实物、无形资产或者其他经济利益。	以为取得该土地使用权而支付的全部经济利益为契税的征税依据；不得因减免土地出让金，而减免契税。 通过企业股权转让、企业合并、企业分立等方式间接取得土地使用权，通常土地权属没有发生变更，一般不征收或享受免征契税的待遇。
耕地占用税	占用耕地建房和从事其他非农业建设的单位和个人是耕地占用税纳税人，应以纳税人实际占用的耕地面积为计税依据缴纳耕地占用税。	经批准占用耕地的，耕地占用税纳税义务发生时间为纳税人收到土地管理部门办理占用农用地手续通知的当天。
印花税	对土地使用权出让合同、土地使用权转让合同按产权转移书据征收印花税。	开发商在经济适用住房、商品住房项目中配套建造廉租住房，在商品住房项目中配套建造经济适用住房，如能提供政府部门出具的相关材料，可按廉租住房、经济适用住房建筑面积占总建筑面积的比例免征开发商应缴纳的印花税。

续表

税 种	主要规定	涉税风险控制
城镇土地税	凡在城市、县城、建制镇、工矿区范围内使用土地的单位和个人，不论通过出让方式还是转让方式取得的土地使用权，都应依法缴纳土地使用税。 对于新征用的土地，区分耕地与非耕地缴纳城镇土地使用税。征用的耕地，自批准征用之日起满一年时开始缴纳城镇土地使用税；征用的非耕地，自批准征用次月起缴纳城镇土地使用税。以出让或转让方式有偿取得土地使用权的，应由受让方从合同约定交付土地时间的次月起缴纳城镇土地使用税；合同未约定交付土地时间的，由受让方从合同签订的次月起缴纳城镇土地使用税。 土地使用税以纳税人实际占用的土地面积为计税依据，依照规定税额计算征收。	购置新建商品房，自房屋交付使用之次月起计征房产税和城镇土地使用税。房地产开发企业，应自房屋交付使用之次月起调减城镇土地使用税计税依据，但要按未交房产与已交房产的建筑面积比例分摊计算城镇土地使用税。已征用未开发的土地应按规定全额征收城镇土地使用税。房地产开发企业从全部交房后的次月起，开发用地的城镇土地使用税为零。 对廉租住房、经济适用住房建设用地以及廉租住房经营管理单位按照政府规定价格、向规定保障对象出租的廉租住房用地，免征城镇土地使用税。

第三节 涉税制度要点及案例点评

一、制度建设是企业设立阶段的重要任务

房地产企业设立阶段，最重要的工作之一就是建立健全企业的各项规章制度。企业的发展离不开管理，每一个成功的企业背后都有一套完善的管理制度，制度已经成为公司得以长足发展的手段。从微软，IBM等国际著名企业到中国的海尔，都有自己完善而有效的管理制度体

系。管理是一项系统工程，管理必须渗透到公司的每个部门。如营销的管理、采购的管理、员工的管理、财务的管理等等。公司的每一项业务，公司运作的每一个环节都存在着管理，不同的管理方式都是有不同的目的。公司纳税管理就是运用管理的手段，制定各种制度对公司的经营过程加以控制，达到规范纳税行为、规避税收风险的目的。

某公司老板由于工作需要，从财务部门领取30万元买轿车。老板拿出个人身份证以个人名义办理了各种手续。一个月后，车辆发生了很多费用，老板将单据拿到财务报了销。后来税务机关对该公司进行税收检查，认为汽车所发生的费用是老板个人的消费支出，不能在企业管理费用中列支，不允许税前扣除，需要进行纳税调整，补缴企业所得税同时处以罚款。这里的问题就出在该老板以个人名义买车，其行为实质上构成了从公司借了30万元个人买车。税务机关因此认定个人拥有的车子的费用不能在公司报销。如果当时买车时，以公司的名义购买并办理各种手续，车辆成为公司的固定资产就可以报销了。这说明公司在车辆购置过程中缺乏必要的程序控制，错误决策给公司带来了税收风险。这实际上是公司没有从制度上对业务过程进行纳税控制所造成的。

涉税管理是公司的整体行为，绝对不仅仅是财务部门的事情。企业税负是企业在经营过程中产生的。不同的生产经营行为产生不同的税收，因此，我们要通过制定各项制度，采取相对应的程序和方法对经营过程进行控制、调整，对业务过程进行管理，考虑现行税收政策对经营业务的影响，达到规避纳税风险的目的。

二、企业纳税预算与制度设计

纳税预算是指房地产企业对开发准备阶段、建设施工阶段及销售或自营阶段涉及的全部税种纳税支出所作的详细预测。它是依据项目的经营模式、规划设计方案、开发计划以及销售计划编制出来的。预测期一般为项目的建设周期，但如果存在自营物业，则预测期会更长，并按月或季度划分为若干个较短时期。纳税预算的格式如表2-3：

表2-3 纳税预算表

序号	运作阶段	税　种	计税依据	税率	第一年	第二年	第三年	合计
1	前期准备阶段	契税						
2	建设施工阶段	土地使用税						
		印花税						
3	销售阶段	营业税						
		附加税费						
		印花税						
4	自营阶段	房产税						
5	预缴、清算阶段	企业所得税						
		土地增值税						
合　计								

纳税预算表中，税种按房地产开发项目的不同阶段划分；每一税种可按一定期限进行分期，具体可按季度或月份进行分期。当然，上面的格式并不适用于所有的房地产企业，税种的选择和阶段的划分应根据企业自身的实际情况而定。

纳税预算的编制是在确定税种和测算期间的前提下，以销售收入、开发成本以及利润预算为基础，根据税法的相关规定，计算和编制企业所涉及的各个税种的纳税支出计划，并将其进行汇总得到的。

（一）确定税种和期间

首先，要根据开发项目的经营模式和开发计划，将项目的开发过程划分为不同的经营阶段。比如，一般房地产开发企业可分为以下几个经营阶段：前期准备阶段，主要是购买土地和办理项目开工前的各项审批手续；建设施工阶段，主要是对工程项目进行发包，选择设计及施工单位，并进行具体的建设施工；销售阶段，主要是对开发产品进行销售；自营阶段，在有自留物业的情况下存在，从自留物业竣工开始到实际的经营期间；清算阶段，一般为项目竣工后的一年内，在这一阶段要对土地增值税及企业所得税进行清算，并缴纳相应的税款。值得注意的是，自留物业的经营期间相当长，而在实际工作中，房地产企业在进行纳税预算时，可只选择自营阶段的前三年作为测算期间。

其次，要根据不同的经营阶段选择相关税种。一般税种包括营业税、城市维护建设税及教育费附加、契税、印花税、房产税、土地使用税、土地增值税、企业所得税等。

最后，要确定纳税预算表的具体格式。

（二）收集基础预算

纳税预算是以销售收入、开发成本以及利润预算为基础，根据税法的相关规定计算和编制而成的，因此，在确定了纳税期间和税种后，就应收集销售收入、成本等其他基础预算。

与纳税预算相关的基础预算包括销售回款计划、成本支出计划、管理费用支出计划、销售费用支出计划、租金收入计划。相应预算表格如表2-4、表2-5、表2-6、表2-7所示。

表2-4　销售回款计划表

类　别	年　度	年　度	合　计
销售金额（万元）			
回款金额（万元）			
销售套数（套）			
销售面积（平方米）			

表2-5　成本支出计划表

项　目	金　额	备　注
一、住宅成本		
1. 土地开发成本		
2. 政府行政事业性收费		
3. 建造成本		
（1）前期工程费		
（2）建筑安装工程费		
（3）基础设施费		
（4）公共配套设施费		
（5）开发间接费		
二、写字楼成本		
1. 土地开发成本		
2. 政府行政事业性收费		
3. 建造成本		
（1）前期工程费		
（2）建筑安装工程费		
（3）基础设施费		
（4）公共配套设施费		
（5）开发间接费		
三、总成本		

表2-6　管理费用及销售费用支出计划表

类　别	年　度	年　度	年　度	年　度	年　度	合　计
管理费用（万元）						
销售费用（万元）						
合计（万元）						

注：管理费用中不含企业缴纳的各项税金。

表2-7　租金收入计划表

类　别	年　度	年　度	年　度	年　度	年　度	合　计
租金收入（万元）						

（三）编制个税预算

房地产企业的大部分税种都可以根据以上四个计划测算出来。根据上述资料，完成个税预算的编制，如表2-8。

表2-8　各税种纳税预算依据

序号	税　种	税　目	计税依据	纳税预算依据
1	契税	受让国有土地使用权	土地开发成本	成本支出计划
2	印花税	建筑安装合同	建造成本	成本支出计划
		产权转移书据	销售总额	销售回款计划
		财产租赁合同	租金收入	租金收入计划
3	营业税及附加	销售不动产	回款金额	销售回款计划
		服务业—房屋租赁	租金收入	租金收入计划

（四）完成纳税预算表

根据上述个税的测算结果进行汇总，形成完整的纳税预算表。

企业编制纳税预算表的目的是对纳税支出进行计划和控制，同时纳税预算也是企业进行纳税筹划的基础。纳税预算融汇了不同职能部门的计划，所有部门的预算（成本、销售）都对纳税预算产生影响。纳税预算的作用主要体现在以下几个方面：①房地产企业的纳税支出占项目总支出的比例较大，因此，纳税预算是开发项目立项前可行性研究的重要内容之一，也是确定开发项目是否可行的重要因素；②纳税预算是房地产企业纳税筹划的基础，对于不同的纳税筹划方案，都需要编制相应的纳税预算表，并根据测算结果选择最优的纳税筹划方案；③控制纳税支出，防范现金流风险。通过纳税预算可以掌握企业各项税款支出的变动情况，并对纳税支出进行有效控制。纳税预算也是企业编制现金流预算的依据，通过现金流的预算管理，可以保证现金流预算的实现，防范企业现金流风险。

三、涉税制度案例及点评

列举某公司财务管理制度如表2-9：

表2-9　××房地产公司财务管理制度

<table>
<tr><td rowspan="2">制度名称</td><td colspan="3" rowspan="2">××房地产公司财务管理制度</td><td>制度编号</td><td></td></tr>
<tr><td>受控状态</td><td></td></tr>
<tr><td>执行部门</td><td></td><td>监督部门</td><td></td><td>生效日期</td><td></td></tr>
<tr><td colspan="6">第一章　总　则
第一条　为了维护公司、股东和债权人的合法权益，加强财务管理和经济核算，根据《公司法》和《企业会计准则》等相关法规，结合公司实际情况，制定本规定。
第二条　公司财务管理的基本任务是：做好财务预算、控制、核算、分析和考核工作；规范公司的财务行为，准确计量公司的财务状况和经营成果；依法合理筹集资金，有效控制和合理配置公司的财务资源；实现公司价值的最大化。
第三条　本规定在公司内部暂时执行，随着公司业务的正常开展和不断拓展，将进行更改、补充和完善。
第二章　财务管理组织机构
第四条　公司实行董事会领导下、总经理负责制的财务管理体制，公司是独立的企业法人，自主经营、自我发展、自负盈亏、自我约束，依法享有法人财产权和民事权力，承担民事责任。公司设置独立的财务机构即财务部。
第五条　公司按照《会计法》和《会计基础工作规范》等规定，结合公司的核算体制和财务管理的实际需要，配备财会人员，加强对财会人员的管理。
第六条　财务部主要负责公司的财务管理和经济核算，主要职责为：
（1）负责公司财务管理制度和各项会计制度拟订；</td></tr>
</table>

续表

（2）参与公司筹资方案的拟订和实施； （3）参与公司发展新项目、重大投资、重要经济合同的可行性研究，提供财务意见； （4）参与公司经营决策，统一调度资金； （5）负责公司财务预算管理、会计核算； （6）负责编制合并报表，提供财务数据，如实反映公司的财务状况和经营成果，并作好项目和财务分析工作； （7）监督财务收支，依法计缴税收； （8）负责公司财务会计档案的保管，票据申购、使用、核销等管理工作； （9）监督、检查资金使用、费用开支及财产管理，严格审核原始凭证及账表、单证，杜绝贪污、浪费及不合理开支； （10）参与对子公司的财务管理； （11）协调处理与各单位的关系。 **第七条** 财务部建立稽查制度，出纳员不得兼管稽核、会计档案保管和收入、费用、债权债务账目的登记工作。 **第八条** 公司董事会按有关程序聘任公司财务负责人。 **第三章 会计核算** **第九条** 公司按照《企业会计准则》规定，结合经营项目实际情况，制定并实施有关会计核算暂行办法，及时、正确反映经营业绩和披露经营风险。 **第十条** 公司采用借贷记账法，以中文作为记录的文字，以人民币为记账本位币，按照《企业会计准则》的规定并结合公司的实际情况，设置总分类和明细账科目。 **第十一条** 公司按照《企业会计准则》规定对经济业务进行会计核算、账务处理，并实行会计电算化。 **第十二条** 公司依照权责发生制和配比原则确认收入和成本，以反映公司的经营成果。 **第十三条** 公司严格区分本期费用支出与期间费用支出。 **第十四条** 公司各项财产在取得时按照实际成本计量，其后，如果财产发生减值，按照《企业会计准则》的规定计提相应的减值准备。 **第十五条** 公司在进行会计核算时，应当遵循谨慎性原则的要求，不得多计资产和收益、少计负债和费用。

续表

第四章　财务预算管理 **第十六条**　公司制定财务预算管理暂行规定，对公司的经营业绩、财务状况、项目运作等实行全面财务预算，并依据其实施管理。 **第十七条**　公司在年度开始前组织编制完成本年度的各项财务预算，财务预算主要包括以下内容： 1. 经营预算； 2. 赢利预算； 3. 资金预算。 **第十八条**　公司在预算年度开始后，对财务预算执行情况进行分阶段的控制和监督，及时进行差异分析，并查实差异的原因，向总经理报告。 **第五章　收入、成本费用管理** **第十九条**　公司建立并完善营业收入的管理规定，确保收入循环中的报价、签订合同、实际收款和开具发票等各环节的内部控制，以加强对业务活动的财务监督。 **第二十条**　营业收入是指公司在营业期间收取的各种经营项目的主营收入和其他业务收入。公司在收讫价款或取得价款的凭证时，确认营业收入的实现。 **第二十一条**　公司对外投资性的收益包括短期投资收入和长期投资收益。短期投资收益在持有期满后确认，长期投资收益按被投资单位取得的合法审计报告中的财务年度权益确认。 **第二十二条**　成本费用的核算坚持权责发生制的原则，当期发生的成本费用，无论其款项是否支付，都应计入当期的成本费用；虽在本期支付的成本费用，但应有后期负担的均不能计入本期成本费用。但应归属本期的成本费用和损失不得挂账，调节利润。 **第二十三条**　严格控制成本费用的开支范围和标准，严格履行请购、审批、合同订立、付款等程序，合理控制成本和费用。费用报销的审批及流程按照费用报销暂行规定执行。 **第二十四条**　公司合理运用财务杠杆，降低财务费用等资本成本。 **第六章　资产管理** **第二十五条**　公司严格按照国家有关部门颁布的《现金管理条例》、《银行支票使用管理暂行规定》、《银行账户管理办法》和《公司现金、银行存款管理暂行规定》，对货币资金的使用、银行账户的开设和使用进行管理。货币资金的保管和核算须岗位分离。 **第二十六条**　公司制定信用政策，加强对应收款项的管理，明确欠款对

续表

象，落实追款责任并依据结果施以奖惩。

公司采用余额百分比法估计坏账损失，并计提坏账准备，计提的比例为期末应收款项的5‰。财务部对已确实不能收回的超龄应收款项，定期逐笔书面上报总经理审核，批准后作为坏账损失处理。如数额较大者须通过董事会批准后处理。

第二十七条　公司加强对存货的管理，建立完善的采购、保管、领销、记录、盘点制度，保证账、卡、物相符。存货按照实际成本计价，领用或发出存货，采用先进先出法确认其实际成本。

第二十八条　公司制定并严格执行《固定资产管理办法》，健全固定资产购建预算、授权购买、登记核算、维护保养、处置等控制制度。公司的固定资产按分类确定折旧率，采用直线法折旧。全部折旧额在相应资产的有效经营期内收回。

公司对固定资产的购建、清理、报废等，都应当办理会计手续，设置固定资产明细账，建立固定资产卡片，进行会计核算。

第二十九条　公司对资产使用部门要求定期或者至少于每年年度终了，对各项资产进行全面检查，并根据谨慎性原则的要求，合理地预计各项资产可能发生的损失，当期末账面资产价值与可收回金额发生差额时，对可收回金额低于账面价值的差额，提交公司总经理批准后计提资产减值准备。

第七章　负债及所有者权益管理

第三十条　公司的债务性融资和权益性融资，依据《公司法》等相关法规和《公司章程》进行。

第三十一条　公司依据《公司法》等相关法规和《公司章程》实施股本变动、提取公积金以及分红派息等程序。

公司法定公积金按照税后利润的10%提取。

第八章　筹资管理

第三十二条　筹资是公司根据发展需要，在自有资金不能满足和保证公司正常运转时，从外部获取资金以达到公司经营目标的必要活动。筹资必须充分考虑公司实际情况，制定和掌握好筹资策略和方法，确保此项工作安全、有序，并取得最佳效益。

第三十三条　筹资的目的是投资，筹资策略必须以投资策略为依据，充分反映公司投资的要求。筹资时考虑以下因素：以“投”定“筹”、量力而行、具有配套能力和消化能力、筹资成本、筹资管理的难度、公司筹资的期限、负债率和还债率等。

第三十四条　筹资方式包括银行筹资、股票筹资、债券筹资等。结合公

续表

司实际情况，银行筹资是公司资金筹集的最主要、最直接的内容，在公司的发展阶段，应尽量争取各专业银行的支持。 **第九章　投资管理** **第三十五条**　公司依据国家宏观经济环境、有关法规和公司章程、地区及行业发展状况、公司及项目前景分析等因素，把对公司的长期发展有较大的影响投资项目，作为是对外投资管理的重点，同时，为改善投资决策效果，提高投资决策能力和收益，董事会对投资项目进行初审、分析、筛选、评价、论证。公司不从事证券信用交易，避免从事承担无限责任的投资。 **第三十六条**　对外投资应考虑投资增值程度、投资保本能力、投资风险性、纳税优惠方针、投资的预期成本、筹资能力、投资回报期间的长短等，全面综合考虑各因素的基础上，确定投资的项目。 **第三十七条**　在争取获得更多的投资增值、投资收益时必须重点考虑投资的风险，包括项目特有风险、公司风险、市场风险。由于项目的市场风险不能通过多角化加以分散，因此其对项目的影响非常重大，但公司风险或项目特有风险也不容忽视。 **第三十八条**　短期投资是指公司购入能随时变现并且持有时间不准备超过一年的投资。短期投资按取得时的投资成本入账。 短期投资持有期间所取得的股利、利息等收益，不确认投资收益。 **第三十九条**　长期投资是指公司购入不能随时变现或不准备随时变现的投资，并分别在“长期股权投资”、“长期债权投资”科目中核算。 公司对外进行股权投资，根据对被投资单位具有控制、共同控制或重大影响的不同情况，分别采用成本法或权益法核算。 公司对外进行债权投资，按取得的实际成本，作为开始投资成本。 **第四十条**　公司应当定期或者至少每年年度终了，对长期投资逐项进行检查，如果由于市价持续下跌或被投资单位经营状况恶化等原因导致其可收回金额低于账面价值的，应当计提长期投资减值准备。 **第四十一条**　公司根据《公司法》，以及公司发展战略实施对外投资，并严格履行立项、可行性分析、审批、运作、监督管理和核算等程序，对外投资必须经董事会审议通过。 **第十章　财务信息管理** **第四十二条**　公司依据《企业财务报告条例》、《企业会计准则》、《合并会计报表暂行规定》以及财政部颁布的其他有关制度，编制财务报表。 **第四十三条**　公司的财务报表属于公司的财务机密，未经董事会批准的财务报表一律不得外流。

续表

第四十四条　已经审核过的报表如需外送，需经财务负责人并报总经理批准。月报在次月的十日内送各股东，季报在每一季度结束后的二十日内送各股东，年报在每一会计年度结束后的三十日内送各股东。

第四十五条　公司依照《会计电算化管理制度》实行财务电子信息系统，实现授权、岗位分离、记录控制等内控程序的电算化，保证内控制度的有效性，相关人员在使用财务电子信息系统过程中，严格遵循内部控制规范和技术规范，保证系统的正常运行。

第四十六条　公司财务部依照《会计档案管理办法》妥善保管各种财务会计文本（电子）资料。

第四十七条　财务部按照规定作好财务工作交接工作，财务人员工作调动或者因故离职必须将本人所经管的财务工作全部交给接替人员，没有办清交接手续不得调动或者离职。

第十一章　附　则

第四十八条　本规定由董事会负责修改和补充。

第四十九条　本规定由董事会授权公司财务部负责解释。

第五十条　董事会委托公司财务部依据本规定拟定若干具体实施细则和具体办法，由公司总经理审批通过后，颁发施行。

第五十一条　本规定自颁布之日起开始执行。

编制日期		审核日期		批准日期	
修改标记		修改处数		修改日期	

企业依法制定规章制度是企业内部“立法”，是企业规范运作和行使用人权的重要方式之一。企业应当最大限度地利用和行使好法律赋予的这一权利。企业制定规章制度应紧密结合企业自身情况并严格依法进行，应做到“合法、合理、全面、具体”。在企业初创阶段，应该统筹制定企业涉税制度。尽管不同的房地产开发企业制度体系不同，但一般情况下，企业的财务管理制度体系中应包括涉税岗位职责与分工、涉税信息系统和涉税风险控制系统。由此，上述“××房地产公司财务管理制度”应增加税收政策管理、纳税成本管理、纳税程序管理、纳税

风险管理与纳税争议管理等几个方面的内容。

（一）税收政策的收集与管理

企业纳税政策是企业纳税管理工作的基础和主要内容。企业应通过建立相应制度对自身纳税管理活动中所涉及的税收法律法规以及其他经济政策法规进行收集、整理、分析，将之应用于纳税管理实践。企业有针对性地收集、整理税法及相关法律法规，对这些法律法规进行深入细致的分析，结合本企业实际运用于纳税管理实践活动中，有助于企业纠正过去纳税中存在的错误行为，有助于企业正确处理未来生产经营活动中出现的涉税问题，从基础环节上促进企业对纳税风险的防范与纳税成本的控制。企业生产经营活动是动态的，其生产经营内容和范围在不断发生着变化，随时可能会有新情况发生，同时，国家宏观政策的调整与税法修改也会对企业生产经营活动及其纳税策略、纳税方案产生影响。如果企业不及时按新法规的要求调整自己的纳税管理策略与方案，很可能会导致纳税风险的出现和纳税成本的提高。

房地产开发企业在制定和执行相关涉税制度时，应注意结合本企业实际有针对性地对涉税政策进行收集、整理；不要忽略对地方性税收政策及相关法规的收集；及时了解税法及相关法律法规的调整与修改；将收集到的法律法规及时整理归档，以便随时查询使用。

（二）纳税成本的预算与管理

企业纳税管理实施的最终目标是降低企业纳税成本，取得最大的税收收益。纳税成本的预算与管理是企业正确运用税法及相关法律法规，对企业将发生的生产经营活动作出事先安排，对企业已发生或将发生的生产经营活动进行预算、协调与控制，对企业纳税策略与方案进行统一规划，以降低税款缴纳的相对数与绝对数、降低企业纳税管理成本的一系列活动。纳税成本的预算与管理直接关系到企业纳税管理最终目标的实现，因此是企业纳税管理的中心环节与核心内容。企业纳税成本管理的主要内容包括：税负的预测、税款实际计算、支付额的管理及纳税管理活动相关费用的管理。

房地产企业在制定企业成本费用管理等制度时，必须体现涉税成本管理的内容，还要注意纳税成本管理实施方案与措施必须合理、合法，实施方案与措施不能违背企业总的发展目标，实施方案与措施应便于执行且实施成本最小。

（三）纳税程序的设计与管理

企业生产经营活动是周而复始的，其纳税义务产生于周而复始的生产经营中。企业纳税活动将随着纳税义务的产生而产生，随着纳税义务的正确履行而结束，周而复始，直到企业生产经营活动终止。企业纳税程序管理是对企业纳税业务全过程按照税收征收管理法规定的程序进行组织、协调、监督、控制的一系列活动的总称，具体包括纳税登记管理、发票管理、纳税减免申请管理、纳税账册管理、税款缴纳管理五个方面的内容。企业纳税程序管理是纳税管理有效性的重要保障之一，因为纳税管理目标的实现、纳税成本的降低要以发票管理为基础，以纳税减免申请管理为支持，以纳税账册管理与税款缴纳管理为保障。如果企业涉税制度缺少了对企业纳税程序的管理，会导致纳税成本管理失效，纳税成本上升。房地产开发企业必须按照税收征收管理法的有关规定进行纳税程序的管理，努力寻求纳税流程管理操作的简单化和低成本化。

（四）纳税风险的防范与控制

企业纳税风险是企业在纳税过程中由于产生了违背税收法律法规的行为，给企业带来的实际的或潜在的经济及名誉上的损失。纳税风险是每个企业纳税活动中必须面对的问题。房地产企业应建立全方位的税务风险管理和内部控制机制，以参与企业制度建设的方式提前介入企业纳税管理环节，实现税务管理环节的前移，以制度指导企业提前防范税务风险，变发现型控制为预防型控制；变被动管理为主动管理，实现自我遵从，实现税务风险的控制。

（五）纳税争议的控制与解决

企业纳税争议的控制与解决是指企业对纳税过程中发生的纳税争议进行调查、分析、控制、解决的一系列管理活动，主要包括调查分析争议问题、制订解决争议问题的方案、组织实施争议问题解决方案、分析与评估争议问题解决结果。由于征纳双方代表不同利益集团的利益，在对企业纳税行为和结果的认识上时常会出现不一致，从而导致纳税争议。如果企业不能正确、及时地处理并解决这些问题，将给企业生产经营活动造成不良的影响，甚至导致企业经济或名誉上的损失。因此企业应在制度设计中体现对纳税争议问题进行控制和解决的方法，以保证纳税管理总体目标的实现。

在涉税制度设计中，上述企业纳税管理的五个方面内容会相互渗透、相互支撑，贯穿于企业内部涉税制度的方方面面。 另外，不仅是财务管理制度，在其他涉税制度中也要体现涉税条款。

企业也可以针对涉税事项另外单独制定涉税业务流程或制度，如表2-10。

表2-10　某公司涉税业务流程控制

控制点（岗位）	适用单位（监督检查方法）	不相容	监督检查方法	流程图
1. 税务管理岗位设置	—	—	—	
分（子）公司财务部门应设置负责税务管理的科室或岗位，配备专职或兼职的税务管理人员，负责税收业务管理。	分（子）公司	—	检查是否按规定设置岗位、配备人员。	
2. 税务登记				
财务部门负责组织或办理公司税务登记、变更税务登记和税务登记的年检工作。	财务部	—	—	
分（子）公司	—	检查是否按时办理、变更税务登记和年检。	—	
3. 纳税申报和税款缴纳	—	—	—	
（1）各项税收的纳税申报表由财务部门税务管理岗位人员负责填报，按规定由相关负责人审核签字。	财务部	—	—	
分（子）公司	经办	—	—	
审批	（1）检查纳税申报表等相关资料是否由相关负责人审核签字。	—	—	

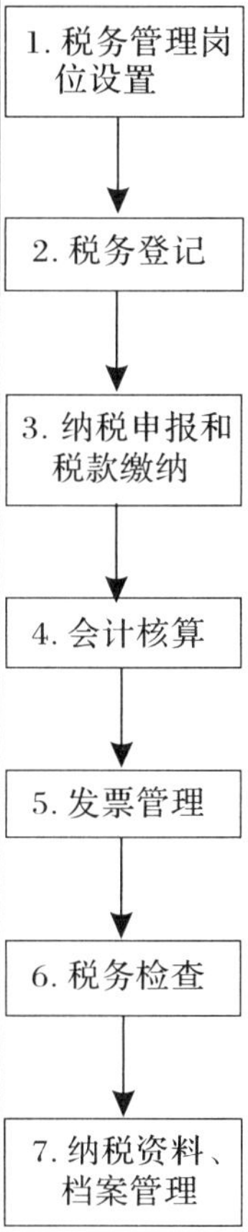

续表

控制点（岗位）	适用单位（监督检查方法）	不相容	监督检查方法	流程图
（2）财务部门负责人批准签署申报表各税收资金划拨凭证后，按国家规定期限向主管税务机关申报、缴纳各项税金。	财务部	—	—	
分（子）公司	—	（2）检查税金划拨凭证是否由财务部门负责人审核签字。检查是否按规定期限申报、缴纳税金，纳税申报表、税收缴款书等相关资料是否齐全。	—	
4. 会计核算	—	—	—	
（1）财务部门按照国家有关税收政策、各项法律、法规的规定正确计提、核算各种税金，并进行账务处理，相关会计凭证由不相容岗位人员稽核。	—	—	—	
对于递延税项的账务处理，相关会计凭证须经财务部门负责人审核。	财务部	—	—	

续表

控制点（岗位）	适用单位（监督检查方法）	不相容	监督检查方法	流程图
分（子）公司	—	检查税金计算是否正确，会计处理是否规范。检查企业所得税纳税调整明细表中重大纳税调整或亏损情况是否按企业会计准则计提递延税项，并经财务部门负责人审核。	—	
5. 发票管理	—	—	—	
（1）财务部门按照国家税收政策及本单位发票管理制度（办法）的要求，负责管理各种发票（票据）的领购、开具、保管等工作。	财务部	—	—	
分（子）公司	—	（1）检查发票管理是否规范，是否按规定编报发票领用存月报表。	—	
（2）财务部门按照税务机关增值税防伪税控开票系统规定及本单位发票管理制度（办法）的要求，配备开票税控设备，配备专人负责开票。	财务部	—	—	

续表

控制点（岗位）	适用单位（监督检查方法）	不相容	监督检查方法	流程图
分（子）公司	—	（2）检查增值税发票是否由专人负责管理。检查“金税工程”设备是否按要求管理。	—	
（3）财务部门按照国家税收政策有关要求对增值税专用发票在规定期限内进行认证。	财务部	—	—	
分（子）公司	—	（3）检查收到的增值税发票是否在规定期限内网上认证或到税务机关认证。	—	
6. 税务检查	—	—	—	
财务部门按照《税收征收管理法》有关规定配合税务机关依法进行税务检查。对于税务机关出具的检查结论，需经总会计师审核，报经理签字确认后进行账务处理。	—	—	—	
税务机关检查结论中涉税罚款金额若达到五万元及以上，需报股份公司财务部备案。	财务部	—	—	

续表

控制点（岗位）	适用单位（监督检查方法）	不相容	监督检查方法	流程图
分（子）公司	—	检查税务机关出具的税务检查报告是否经总会计师、经理审核签字，是否按规定进行账务处理。	—	
7. 纳税资料、档案管理	—	—	—	
（1）财务部门由专人负责保管税务证件及各种纳税资料。	财务部	—	—	
分（子）公司	—	检查纳税资料的保管是否符合规定。	—	
（2）取得的增值税专用发票抵扣联或其他抵扣凭证由财务部门统一存档保管十年以上。保管期满报经税务机关查验后销毁。	分（子）公司	—	检查增值税专用发票抵扣联或其他抵扣凭证的保管是否符合规定。	
（3）财务部门要指定专人负责保管已开具的发票（票据）存根联，保管期限为五年。保管期满报经税务机关查验后销毁。	—	—	—	
对于没有存根联的已开具发票（票据），建立登记簿，记录发票（票据）使用情况。	分（子）公司	—	检查发票（票据）保管、使用情况记录是否符合规定。	

第四节　涉税合同条款及案例点评

一、公司设立相关合同涉税条款的设计

在公司设立阶段涉及的主要合同包括出资协议、股权转让合同、合作建房合同、借款合同等。下面针对部分合同条款涉及案例进行点评分析。

（一）出资协议

公司设立协议，是在公司设立过程中，由发起人订立的关于公司设立事项的协议，性质上属于合伙协议。设立协议和公司章程具有一致性和许多相同之处。公司名称、注册资本、经营范围股东构成、出资形式和数额等事项是公司章程和设立协议必须注明的事项。但是，两者的性质和功能不同。

投资人作为发起人设立公司，必须制定详尽、完善的合作协议（或称发起人协议），明确约定公司设立中的权利义务，比如，公司名称、股东、出资比例及数额、议事规则、利益分配比例、公司设立过程的费用负担问题，等等。出资协议中出资方式、比例和时间因素都会影响到企业的纳税义务。根据《财政部国家税务总局关于房产税、城镇土地使用税有关政策的通知》（财税〔2006〕186号）第二条的规定，以出让或转让方式有偿取得土地使用权的，应由受让方从合同约定交付土地时间的次月起缴纳城镇土地使用税；合同未约定交付土地时间的，由受让方从合同签订的次月起缴纳城镇土地使用税。各投资人还要根据合作协议制定完善的公司章程，公司章程是公司正式成立后明确各投资人权利义务的宪法性法律文件，是处理公司运营过程中股东权利纠纷的重要依据。

（二）产权重组合同

在签订企业合并重组合同时，应注意产权支付方式、交易时间等事项。比如一个企业对另一个企业直接进行合并还是对主要的资产购买或是通过其他中间环节实施企业重组交易，企业重组方式的选择对重组企业各方的税负有较大的影响。为了实现其战略目标，企业有时需要多次进行企业重组。这一过程同企业以单一重组方式重组一样，重组过程中每个环节企业重组方式的不同选择都意味着重组企业要承担不同的税负结果。

企业重组中付款方式和交易支付时间的选择也很重要。付款是完成股权或资产转移的最后工作。目前，国内企业重组受到客观条件的限制，主要以现金和实物的交割为付款方式。一般来讲，交易支付时间的推迟为延迟纳税创造了条件。重组企业可以根据税法所规定各税种的纳税期限，把交易支付时间选定在纳税期限的期初进行，或者采用分期付款的支付手段，分期纳税，使税负得以递延。

重组中还要充分利用税收优惠，关注国家对重组行为契税、印花税等的有关优惠政策规定。

（三）借款合同

借款合同是贷款人向借款人提供借款，借款人到期返还借款，并向贷款人支付利息的合同。其主要调整两部分内容：一是金融机构与自然人、法人和其他组织的借款合同关系；二是指自然人之间的借款合同关系。其中以金融机构与自然人、法人和其他组织之间的合同关系为主。借款合同的内容主要应包括以下几方面：借款种类、币种、用途、数额、利率、期限、还款方式等。

按照《合同法》的规定，借款的利息不得预先在本金中扣除。利息预先在本金中扣除的，应当按照实际借款数额返还借款并计算利息。借款人未按照约定的借款用途使用借款的，贷款人可以停止发放借款、提前收回借款或者解除合同。借款人未按照约定的期限返还借款的，应当按照约定或者国家有关规定支付逾期利息。借款人提前偿还借款的，除当事人另有约定的以外，应当按照实际借款的期间计算利息。因此，在借款合同中，纳税人在拟订利息条款时，应当关注以下几个方面：预先扣除的利息支出不能税前扣除，应以实际借款数及期限确认利息；借款人未按照约定的借款用途使用借款的，贷款人采取停止发放借款、提前收回借款或者解除合同的，应当视为原借款合同失效，企业与个人之间已没有了借款合同，此时支付的利息支出也不能税前扣除；借款人未按照约定的期限返还借款的按照约定或者国家有关规定支付逾期利息，此种逾期利息只要不超过国家利率标准，可以扣除；由于合同规定情况可能存在变化，提前还款的应以实际支付为扣除额，而不是合同规定数。

合同中注意约定票据问题，利息支出应凭发票扣除。《发票管理办法》规定，发票是指在购销商品，提供或者接受服务以及从事其他经营活动中，开具、收取的收付款凭证。另外，按照我国《个人所得税法》规定，个人所得税以所得人为纳税义务人，以支付所得的单位或者个人为扣缴义务人，同时规定利息项目的税率为20%，据此企业在支付自然人利息时还负有代扣代缴个人所得税的义务。所以，符合条件的自然人利息支出要在税前扣除，应当向企业提供利息收入发票。自然人取得利息收入应及时到税务机关代开发票，并申报纳税，此类自然人应了解代开发票的范围、需提交的证明资料、办理程序和手续。企业应关注及时扣缴个人所得税，并且不能为自然人负担税收，如果替自然人支付了代开发票过程中的税金，则属于与生产经营无关的支出不能扣除。

签订借款合同时，应厘清真实合法借款与非法集资的界限。按照国税函〔2009〕777号规定，企业与个人之间的借贷是真实、合法、有效的，并且不具有非法集资目的或其他违反法律、法规的行为。这一规定必须引起纳税人的高度关注，在真实合法借款的基础上，划清与非法集资的界限，另外，需要了解与借贷相关的法律、法规，这些法律、法规不局限于税收规定，只要违反了相关的法律、法规，向自然人的利息支出都不能在税前扣除。纳税人一定要依据《合同法》的规定签订合法的借款合同，明确借款用途，分清真实合法借款与非法集资的区别：正常借款到期返还借款并支付利息，借款合同一般针对内部职工等特定对象；而非法集资是向社会不特定的对象筹集资金，承诺在一定期限内给出资人还本付息的形式除以货币形式为主外，也有实物形式和其他形式。

签订借款合同时，谨慎处理同期同类贷款利率问题。国税函〔2009〕777号规定，利息支出在不超过按照金融企业同期同类贷款利率计算的数额的部分，根据税法第八条和税法实施条例第二十七条规定，准予扣除。《国家税务总局关于企业贷款支付利息税前扣除标准的批复》（国税函〔2003〕1114号）明确金融机构同类同期贷款利率包括中国人民银行规定的基准利率和浮动利率。随后下发的《中国人民银行关于调整金融机构存、贷款利率的通知》（银发〔2004〕251号）关于浮动利率的规定变化为金融机构（城乡信用社除外）贷款利率不再设定上限，商业银行贷款和政策性银行按商业化管理的贷款，其利率不再实行上限管理，贷款利率下浮幅度不变。也就是说，金融机构（城乡信用社除外）的浮动利率没有上限，只要借贷双方同意，可以无限制向上浮动。纳税人应正确把握同期同类贷款利率的有关税前扣除规定，不能片面理解，得出浮动利率没有上限，而可参照的贷款利率由基准利率和浮动利率构成，所以利息支出无论多少都可以税前扣除的错误结论。为保证政策不被滥用，《企业所得税法》规定企业实际发生的与取得收入有关的、合理的支出，包括成本、费用、税金、损失和其他支出，准予在计算应纳税所得额时扣除。因此，在签订合同时，确定的利率水平要关注同一时期同一地区相同规模的其他企业的利率水平，本企业也不能超出其他企业利率水平太多，这些都是证明利息支出“合理”的关键因素。

（四）房地产合作开发合同

由于我国城市房地产管理法等相关法律法规对专门的房地产开发企业有着严格的资质要求，而合作开发则给大量的非房地产开发企业介入房地产开发提供了空间。因此，合作开发房地产合同的主体呈现出较为复杂的形态，既可以是外国的法人和自然人，也可以是国内的法人和自然人。合作开发房地产合同既可以是两个以上民事主体为从事房地产开发而共同出资设立房地产项目公司，也可以是不成立项目公司而是由两个以上民事主体联合进行开发，各方对其开发所得房地产属共有关系；既可以是内资企业之间的合作开发，也可以是中外合作开发；中外合作开发既可以是成立中外合作经营企业进行开发，也可以是成立中外合资经营企业进行开发。出资的形式主要有土地使用权、资金或者房地产开发企业资质等。合作开发房地产形式上的多样性，其合同内容也随着合作形式的不同而各不相同，下面就其中若干涉税条款进行分析。

对于当事人条款。在合同中对合作各方的基本情况应予以明确，如果是企业，应注明名称、法定代表人、工商登记号、房地产开发企业资质、住所及联系方式等；如果为自然人，应明确其姓名、身份证证件号码、住所及联系方式等。

对于合作形式条款。合同应明确是成立项目公司进行开发，还是不成立项目公司进行开发，如不成立项目公司，是各方联名开发，还是有一方或数方隐名参与开发。如成立项目公司，不论是否中外合资、合作经营企业，均需对其公司的组织形式、主要机构如股东会（中外合资、合作经营企业则无股东会的制度安排）、董事会、经营管理人员及其运作机制进行约定。

对于合作条件条款。合作条件是指合作各方用于合作开发的主要投入，也可以理解为出资。用于房地产合作开发的出资主要为资金与土地使用权，也可以是房地产开发企业资质等其他形式的财产。按合作合同约定投入其约定的合作条件是合作方的主要合同义务。

对于土地使用权条款。合同应明确合作开发项目的土地使用权的取得方式，是由合作一方取得再投入合作开发，还是由合作各方共同取得土地使用权；土地使用权出让金的支付责任如何承担；如项目用地原为划拨用地，应明确补办土地使用权出让手续的主体及相关费用的负担。值得注意的是，项目的土地使用权与项目的规划存有密不可分的关系。国土部门通常按照项目的可建面积收取土地使用权出让金，如规划部门在开发商取得土地使用权后调整项目容积率，则极有可能需要就增加的建筑面积另行支付土地使用权出让金。因此如存在调整规划的可能，则应在合同中对此问题予以明确，以免滋生纠纷。

对于项目工期条款。房地产项目投资巨大，能否按计划完工对投资各方的利益有着重大影响。合作开发的各方由于在项目中投入的方式不同，追求的利益并不完全一致，因此在工期方面可能有不同的要求。如土地使用权投入方则会要求资金投入方尽快投入资金，确保工程尽快竣工，以保障其利益，而资金投入方则可能因融资问题，力图在工期方面令自己的压力减轻。因此，在合同中对项目的工期应予明确约定。如由一方负责日常的工程施工，则应明确其在工程质量方面的法律责任。

对于收益分配条款。合作开发房地产的具体收益分配方式非常多样化，但总的来说不外乎实物分配与现金分配两种。如为项目公司型合作开发，则其收益分配应受公司法及外商投资法等相关法律法规的限制，如非项目公司型合作开发，其收益分配也应以不损害项目债权人合法权益为原则。如采取实物分配方式，则涉及的税费金额可能相当巨大，对此也应作出约定。

对于违约责任条款。合作各方的主要违约行为可能是不按合同约定履行投资义务，相应地违约责任条款也应重点规制这种情况。除此之外，项目公司型合作开发的合作方可能利用其在项目公司董事会或经营管理层中的优势地位，侵害另一方的合法权益，应在合同中明确此种情形的违约责任。

二、取得土地相关合同涉税条款

在取地阶段涉及的主要合同包括国有土地使用权出让合同、国有土地使用权转让合同、建设工程征用土地合同、城市房屋拆迁补偿安置协议等。土地使用权转让合同是指土地使用权人作为转让方将出让或受让的土地使用权转让于受让方，受让方支付价款的协议。土地使用权人应当按照规定缴纳土地使用税及其他规费，无论是转让人还是受让人，都应该清楚自己应该依法缴纳的税费，以免因不具备相关知识而负担额外费用甚至被追究行政或刑事责任。比如，土地增值税是以纳税人转让房地产所取得的增值额为征收对象，依照规定的税率所征收的一种税，征收范围包括转让房地产并取得收入的有偿转让行为，不包括以继承、赠与方式无偿转让房地产的行为。实践中转让人为了获得最大利益，或存在阴阳合同，在提供变更登记的转让中少写转让款，或在合同转让款之外另行支付巨额费用，从而达到少交增值税的目的，涉嫌偷税犯罪。《土地使用税暂行条例》规定了可以免交或者缓交土地使用税的情况，各省也根据各自情况，在此基础上又增加了一些免交或缓交的情形，受让人应注意受让的土地是否符合这些情形。下面以土地使用权转让合同为例对其中涉税条款进行点评分析。

（一）关注转让行为是否符合转让条件

《房地产管理法》第三十九条规定，以出让方式取得土地使用权的，转让房地产时，应当符合下列条件：按照出让合同约定已经支付全部土地使用权出让金，并取得土地使用权证书；按照出让合同约定进行投资开发，属于房屋建设工程的，完成开发投资总额的25%以上；属于成片开发土地的，用地人须在完成公用设施建设、使土地形成工业用地和其他用地条件后方可转让；转让房地产时房屋已经建成的，还应当持有房屋所有权证书。办理土地使用权变更登记，是土地使用权转让的法定要件。《房地产管理法》第三十九条规定的是房地产可以转让的条件，但转让时，除要签订书面转让合同外，还要办理土地使用权变更登记，转让才告完成。受让人在签订转让合同前，应该对拟受让的土地进行全面调查，充分了解该宗土地是否具备转让条件，以免因合同无效而造成损失。

（二）土地使用权出让合同的出让主体是否合格

合同具有相对性特点，所以在审查一般合同主体是否具备相应资格时，只需要审查合同双方当事人即可，而不需要对第三人进行审查。但是土地使用权转让合同，是基于土地使用权出让进行的土地使用权的转移，所以土地使用权出让合同是否有效，也决定了转让合同的效力。如果受让人受让的是无效的土地使用权出让合同所“产生”的使用权，在出让合同一旦被确认无效后，其所受让的土地使用权也将被收回，从而遭受巨额损失。

（三）转让价格合理并应如实申报

转让人为了获取高额利润，往往会单纯根据自己的意愿，漫天要价，而受让人也是只要计算自己受让后有利润空间，就贸然接受转让价格，似乎只要买卖双方确定了价格，土地使用权就可以转让。而转让人为了避免缴纳更多的土地增值税，往往与受让人另行签订一份价款较低的转让合同，用于价格申报和办理变更登记，这种情况在土地使用权转让中十分普遍。然而，转让人应当就转让房地产所得的增值额缴纳增值税，如果少申报了转让款，就会少交土地增值税，造成国家税款的流失，从而涉嫌偷税犯罪。由于申报地价是合同双方当事人的共同义务，所以受让人虽不是转让人，未从转让中取得收入，但因在申报转让款中与转让人存在共同故意欺骗行为，而可能构成偷税罪的共同犯罪而受到刑事制裁。

（四）转让人是否充分履行出让合同

《房地产管理法》第四十二条规定，房地产转让时，土地使用权出让合同载明的权利、义务随之转移。由于转让人可能在出让合同的履行上存在违约行为，而出让人追究违约责任又相对滞后，可能土地使用权转让后一段时间才追究转让人的违约责任，这就可能因转让人的违约行为而使受让人对出让人承担违约责任。所以在签订转让合同前，受让人应认真审查转让人履行出让合同的情况，必要时应委托律师进行专项调查。约定转让人因该违约行为而给受让人造成损失时应承担的责任。

（五）签订合同时是否考虑土地使用权的剩余年限

出让年限是土地使用权受让人行使土地使用权的期限。该期限与土地的用途密切相关：居住用地最高出让年限七十年，工业用地、教育、科技、文化、卫生、体育用地最高出让年限五十年，商业、旅游、娱乐用地最高出让年限四十年，综合或者其他用地最高出让年限五十年。年限从受让人实际取得土地使用权权属证明之日起算。权属证明可以是国有土地使用证，也可以是建设用地批准书等临时权证。《房地产管理法》第四十三条规定，以出让方式取得土地使用权的，转让房地产后，其土地使用权的使用年限为原土地使用权出让合同约定的年限减去原土地使用者已经使用年限后的剩余年限。因此，受让人在签订转让合同时，应当结合土地用途，充分考虑剩余年限能否实现受让土地使用权之目的。

（六）转让的土地上是否设定其他权利

土地使用权作为用益物权，不能排斥土地上设定的其他权利，如抵押物、租赁权等。因此，弄清土地上是否设定其他权利，对保障受让人的利益及权利的行使至关重要。

（七）是否完成拆迁补偿安置

《城市房地产开发经营管理条例》第二十二条规定，房地产开发企业转让房地产开发项目时，尚未完成拆迁补偿安置的，原拆迁补偿安置合同中有关的权利、义务随之转移给受让人。项目转让人应当书面通知被拆迁人。根据该规定，房地产开发项目转让后，如果拆迁补偿安置尚未完成，应由受让人继续完成，而不问转让价款是否包括这部分费用。由于拆迁补偿安置是一个周期较长的动态过程，而且涉及的资金数额较大，受让人应当在转让合同中约定实际发生的补偿费用应在转让价款中予以扣减。

（八）房地产开发项目转让是否备案

房地产开发项目的转让，除了应当办理土地使用权变更登记手续外，还应到房地产开发主管部门备案。《城市房地产开发经营管理条例》第二十一条规定，转让房地产开发项目，转让人和受让人应当自土地使用权变更登记手续办理完毕之日起三十日内，持房地产开发项目转让合同到房地产开发主管部门备案；第三十条规定，违反本条例规定，擅自转让房地产开发项目的，由县级以上人民政府负责土地管理工作的部门责令停止违法行为，没收违法所得，可以并处违法所得五倍以下的罚款。所以，虽然符合转让条件，而且转让时也注意到了各种风险，但转让后如果不及时进行备案，也可能会面临行政处罚，并因此遭受一定的经济损失。

（九）违约金条款的制定

转让合同应重视违约金条款，并应特别重视违约给对方造成的损失的约定，最好将损失的约定作为独立条款明确约定。《合同法》第一百一十四条规定，约定的违约金低于造成的损失的，当事人可以请求人民法院或仲裁机构予以增加；约定的违约金过分高于造成的损失的，当事人可以请求人民法院或仲裁机构予以适当减少。《最高人民法院关于审理商品房买卖合同纠纷案件适用法律若干问题的解释》第十六条规定，当事人以约定的违约金过高为由请求减少的，应当以违约金超过造成的损失30%为标准适当减少，对《合同法》规定的“过分高于”和“适当减少”作了解释。当事人以约定的违约金低于造成的损失为由请求增加的，应当以违约造成的损失确定违约金数额，对《合同法》规定的“予以增加”也作了解释。所以，即使约定了违约金，一旦一方当事人以违约金过高或者过低提出调整请求，人民法院或仲裁机构仍将审查违约行为实际造成的损失。

《合同法》第一百一十三条规定，当事人一方不履行合同义务或者履行合同义务不符合约定，给对方造成损失的，损失赔偿应当相当于因违约所造成的损失，包括合同履行后可以获得的利益，但不得超过违反合同一方订立合同时预见或者应当预见到的因违反合同可能造成的损失。根据该规定，一方违约给对方造成的损失包括两个部分：一是守约方为履行合同实际付出的费用（或可折抵为费用）所形成的损失；二是守约方在合同完全履行后可以获得的利益，但该利益以不超过订立合同时违约方预见或应当预见到违约所造成的损失为限。所以，在转让合同中约定一方违约给对方所造成的损失时，也应相应约定该两个部分的内容。对于实际损失，应当将守约方为签订合同和履行合同所产生的费用予以约定，并在实际操作中注意留存证据；对于预期利益，可以约定在合同完全履行后守约方可以获得的利益，以免违约方以无法预见该损失的大小为由逃避责任。

确定损失，是约定违约金的基础。所以在签订转让合同时，应当特别约定损失的计算，并在合同履行过程中注意保存相关费用的单据。

为降低合同风险，房地产开发企业应该建立科学的合同管理流程，并注意其中涉税条款的审核。可参考的房地产开发企业合同管理流程如下表2-11所示。

表2-11　合同管理流程

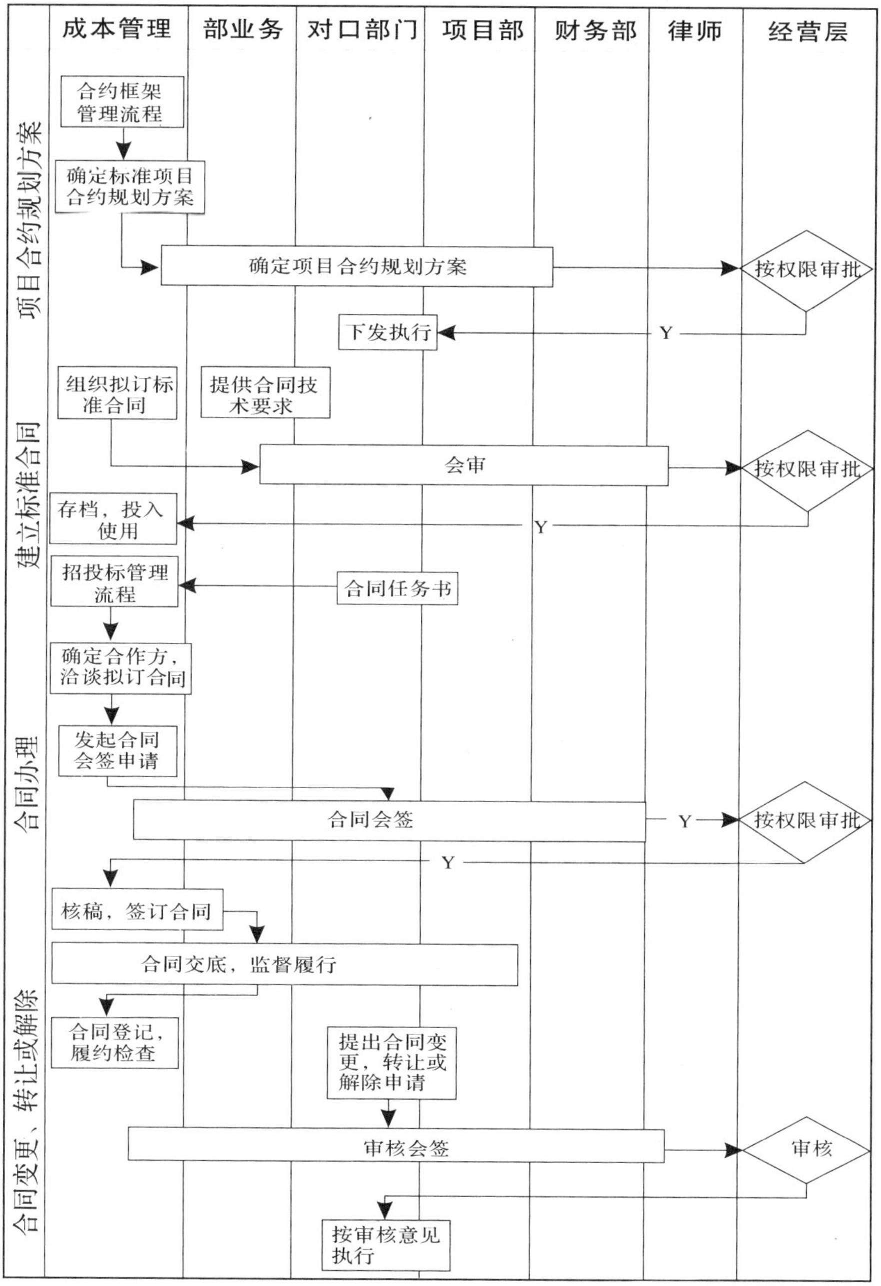

第3章

项目开发建设环节的涉税处理

第一节　主要涉税风险点

一、甲供材料的纳税问题

房地产行业的甲供材料工程，是指由房地产开发企业提供原材料或者主要材料，建筑单位仅提供建筑劳务以及辅助材料的工程。按照《营业税暂行条例实施细则》规定，自2009年1月1日起，纳税人提供建筑业劳务（不含装饰劳务）的，其营业额应当包括工程所用原材料、设备及其他物资和动力价款在内，但不包括建设方提供的设备的价款。这里的“不含装饰劳务”可以说明装饰劳务不同于一般建筑劳务，其计税营业额不包括建设方提供的设备价款。另外，装饰劳务可以不包括工程所需的主要原材料及其他物资和动力价款，但必须符合特定的形式，即“清包工形式”，原材料、设备、其他物资、动力由客户自行采购，纳税人只向客户收取人工费、管理费及辅助材料费等费用。这就要求纳税人在与建设方签订装饰工程合同时应力求符合这一形式，合同相应条款中注明房地产公司供装饰材料及设备，工程仅收取装饰工程劳务费（即人工费、管理费及辅助材料费等费用），并在合同中注明装饰工程劳务费总金额。

二、自建行为的营业税规定

按照《营业税暂行条例实施细则》第五条、第二十五条规定：单位或者个人自己施工建造（自建）建筑物用于销售时，其所发生的自建行为视同发生应税行为缴纳营业税，其纳税义务发生时间为销售自建建筑物的纳税义务发生时间。从《营业税税目税率表》列举的税目税率看，纳税人发生的自建行为属于“建筑业”税目，按3%的税率缴纳营业税；销售自建建筑物属于“销售不动产”税目，按5%的税率缴纳营业税。可见，纳税人在销售自建建筑物时要同时对一项建筑物中的“自建行为价格”分别按从事建筑业劳务和销售不动产缴纳两次营业税。这里的“自建行为价格”按照《营业税暂行条例实施细则》第七条、第十六条规定，包括工程所用原材料及其他物资和动力价款，但不包括设备和使用自产货物的价款。

因此，房地产开发企业自营工程如果用于直接销售，要同时对一项建筑物分别按从事建筑业劳务和销售不动产缴纳两次营业税。自建建筑物的营业税计税依据按《营业税暂行条例实施细则》第二十条“纳税人条例第七条所称价格明显偏低并无正当理由或者本细则第五条所列视同发生应税行为而无营业额的，按下列顺序确定其营业额：（一）按纳税人最近时期发生同类应税行为的平均价格核定；（二）按其他纳税人最近时期发生同类应税行为的平均价格核定；（三）按下列公式核定：营业额＝营业成本或者工程成本×（1＋成本利润率）÷（1−营业税税率）”的规定执行。

三、营销设施的财税问题

房地产企业为了扩大影响，便于接待客户，使其充分了解开发产品的性质和结构进而达到销售的目的，一般都会在不同区域设立售楼部、样板房以及其他项目营销设施。房地产企业的项目营销设施包括售楼部、样板间、接待中心、展台、展位等不同类型，根据其建设与使用的特点，可以分为不同的模式：房地产企业的营销设施应用模式不同，相关会计处理、税务处理也有不同。

利用开发完成或部分完成的楼宇内的商品房装修、装饰后作为项目营销设施使用，项目销售完毕，作为开发产品销售处理以及转为企业自用或出租。根据国税发〔2009〕31号文件的规定，计入开发间接费用核算的营销设施建造费，包括项目小区楼宇之内的装饰、装修费用和楼宇之外的售楼部、样板间等营销设施的建造费用。将楼宇之内的商品房临时作为售楼部、样板间使用，因其本身就属于特定的成本对象，所以其建造成本按照正常的开发产品核算，其装修、装饰费用若不能判断未来是否可以随同商品房主体一并出售，应归属于开发间接费用核算。

利用开发小区内楼宇之外的引人瞩目的位置，建造临时设施，例如售楼部、样板间作为项目营销设施使用，项目销售完毕即行拆除或转为企业自用或出租。这类临时设施发生的建设成本及装修费用作为开发间接费用核算。

利用开发小区内的配套设施（例如会所）装修、装饰后，作为项目营销设施临时使用；项目销售完毕作为开发产品销售处理以及转为企业自用或出租，或者移交物业公司，产权归全体业主所有。这种类型的营销设施其最终用途是小区规划设计已经确定的，即便临时作为项目营销设施使用，也不可以直接计入“开发间接费用”核算，而需要根据国税发〔2009〕31号文件第十七条的规定处理。

在开发小区之外的人口活跃密集区租入或自建销售网点，项目销售完毕，转为其他项目使用或出租、销售处理。这些设施有可能是房地产企业租入使用，也有可能为自建行为。在项目小区之外的营销设施销售环节中发生的成本费用，无论税务处理还是会计处理，都应当通过

"营业费用"或"销售费用"反映，如果属于企业自建构成的固定资产，由此计提的折旧，计入"营业费用"或"销售费用"处理。

四、境外劳务的纳税问题

房地产开发企业为了提高市场竞争力，将项目建设成充满人文气息的宜居之地，会要求境外知名企业提供产品包装、形象设计、融资顾问、技术培训、信息服务等劳务。这些劳务除前期洽谈、信息收集、成果交付、培训指导阶段可能偶尔在境内完成外，一般在境外完成。这些劳务如何缴纳营业税、企业所得税，需要关注。

按照《营业税暂行条例》规定，在中华人民共和国境内提供本条例规定的劳务、转让无形资产或者销售不动产的单位和个人为营业税的纳税人，应当依照本条例缴纳营业税。《营业税暂行条例实施细则》规定，条例所称在中华人民共和国境内提供条例规定的劳务是指提供或者接受条例规定劳务的单位或者个人在境内。因此，提供或者接受条例规定劳务的单位或者个人在境内的劳务即属于境内劳务，应当缴纳营业税。提醒境内企业注意的是，境外企业为降低自身税务风险，签订协议时会力主与境内企业签订不含税合同，将税金转嫁到境内企业身上，相应的纳税风险也将由境内企业承担。

按照《企业所得税法》第三条规定："居民企业应当就其来源于中国境内、境外的所得缴纳企业所得税。非居民企业在中国境内未设立机构、场所的，或者虽设立机构、场所但取得的所得与其所设机构、场所没有实际联系的，应当就其来源于中国境内的所得缴纳企业所得税。"非居民企业在境内设立机构、场所的，其发生在境外但与其所设机构、场所有实际联系的所得，由其主动申报缴纳企业所得税的义务，以机构、场所所在地为纳税地点申报缴纳企业所得税；在中国境内未设立机构、场所的，或者虽设立机构、场所但取得的所得与其所设机构、场所没有实际联系的，应当就其来源于中国境内的所得缴纳企业所得税，税款由扣缴义务人在每次支付或者到期应支付时，从支付或者到期应支付的款项中扣缴。在此情况下，房地产开发企业成为扣缴义务人，注意代扣代缴相应税金。

五、开发支出发票的合规性问题

发票是指在购销商品、提供或者接受服务以及从事其他经营活动中开具、收取的收付款凭证。它是确定经济收支行为发生的法定凭证，是会计核算的原始依据，也是税务稽查的重要依据。近年来，发票违法犯罪活动不仅严重扰乱税收征管秩序和财经秩序，威胁国家经济和税收安全，而且为财会造假、贪污贿赂、洗钱诈骗等其他经济犯罪提供了便利条件，成为恶化社会治安、破坏社会稳定的重要诱因。为此，国家税务总局《关于贯彻落实〈整治虚假发票“买方市场”工作方案〉相关问题的通知》（国税发〔2010〕92号）强调，要进一步加大发票检查力度，对开具金额较大的发票，涉嫌虚假的发票以及其他重点、疑点发票，要进行逐笔查验比对，通过对资金、货物等流向和发票信息的分析，重点检查业务的真实性；对纳税人购买、取得的虚假发票，不允许用于税前扣除、抵扣税款、办理出口退（免）税和财务核算；对使用虚假发票问题严重的纳税人，征管部门要相应调降其纳税信用等级；对检查中发现发票违法行为涉嫌犯罪的，要及时依法移送公安机关。在房地产开发的环节中，存在一定的没有按照正常经济交易开具合规发票的行为，虚假发票如同定时炸弹，将随时招致企业的经营风险、信用风险和税务风险。设计开发阶段，涉及的主要发票如表3-1所示：

表3–1　房地产开发企业设计开发阶段发票

交易事项	交易对方	发票类型
土地出让金	国土资源部门	国有土地有偿使用收费专用收据、中华人民共和国契税完税证
拆迁补偿费	搬迁户	拆迁补偿协议；付款记录
委托有资格单位拆迁	拆迁单位	建筑安装业发票
相关费用	行政事业单位	行政事业性收费收据
勘察、设计、测绘、监理、验收、咨询等费用	企业、事业单位	服务业发票
利息支出	金融机构	金融机构开具的付息凭证
利息支出	非金融机构	服务业发票
设备支出	设备销售企业	增值税发票
建筑安装支出	建筑安装企业	建筑安装业发票
其他支出	交易对方	相应营业税或增值税发票

我国新修订的《发票管理办法》及《发票管理办法实施细则》已从2011年2月1日起开始施行。新办法及实施细则明确，发票所要具备的四个特征。

一是发票的合法性。新《发票管理办法》第四条规定，国务院税务主管部门统一负责全国的发票管理工作。也就是说，发票无论其外在票面格式，内在构成要素和发票的印制要求，都是法律、法规所规定的。

二是发票的真实性。即是指发票所记载的内容是对商品交换活动最原始的反映，这是发票的本质特征。

三是发票的统一性。新《发票管理办法》第五条界定了发票的种类、联次、内容以及使用范围由国务院税务主管部门规定。发票的统一性是指同一时期，同一行政区域内，同一行业或同一经济性质的使用发票的单位和个人所使用的发票是统一的，发票的统一性要求税务机关在设计发票种类、式样时统一规定全国发票监制章的规格，印色和形状，统一发票用纸，统一发票的防伪标识。

四是发票的及时性。发票是一种经济信息的载体，它所反映的经济信息的使用价值是有时间性的。这就要求填写单位和个人在商品交换活动发生后，及时开具传递发票，以确保发票所反映的经济信息的时效性，同时也要求用票单位和个人不能超前或滞后开具发票。也就是说开具发票必须按照商品交换活动发生的时间和税务机关规定的时限进行。

发票的四个特征相互联系、相互依存，缺一不可，缺少了合法性，发票管理就失去了法律依据；缺少了统一性，就失去了发票管理的前提和基础；失去了真实性，发票就失去了存在的价值；没有了及时性，发票就不能准确、及时反映商品交换的全貌。

六、房地产开发成本的确定

为了加强从事房地产开发经营企业的企业所得税征收管理，规范从事房地产开发经营业务企业的纳税行为，制定了《房地产开发经营业务企业所得税处理办法》（国税发〔2009〕31号）。该文件规定，企业在确定成本对象时要遵循：可否销售原则、分类归集原则、功能区分原则、定价差异原则、成本差异原则、权益区分原则。而且成本对象一经确定，不能随意更改或相互混淆，如确需改变成本对象的，应征得主管税务机关同意。第三十四条还规定，企业在结算计税成本时其实际发生的支出应当取得但未取得合法凭据的，不得计入计税成本，待实际取得合法凭据时，再按规定计入计税成本。

国税发〔2009〕31号把房地产企业的计税成本主要归类为以下六类：

（1）土地征用费及拆迁补偿费。指为取得土地开发使用权（或开发权）而发生的各项费用，主要包括土地买价或出让金、大市政配套费、契税、耕地占用税、土地使用费、土地闲置费、土地变更用途和超面积补交的地价及相关税费、拆迁补偿支出、安置及动迁支出、回迁房建造支出、农作物补偿费、危房补偿费等。

（2）前期工程费。指项目开发前期发生的水文地质勘察、测绘、规划、设计、可行性研究、筹建、场地通平等前期费用。

（3）建筑安装工程费。指开发项目开发过程中发生的各项建筑安装费用。主要包括开发项目建筑工程费和开发项目安装工程费等。

（4）基础设施建设费。指开发项目在开发过程中所发生的各项基础设施支出，主要包括开发项目内道路、供水、供电、供气、排污、排洪、通信、照明等社区管网工程费和环境卫生、园林绿化等园林环境工程费。

（5）公共配套设施费。指开发项目内发生的、独立的、非营利性的，且产权属于全体业主的，或无偿赠与地方政府、政府公用事业单位的公共配套设施支出。

（6）开发间接费。指企业为直接组织和管理开发项目所发生的，且不能将其归属于特定成本对象的成本费用性支出。主要包括管理人员工资、职工福利费、折旧费、修理费、办公费、水电费、劳动保护费、工程管理费、周转房摊销以及项目营销设施建造费等。

根据《中华人民共和国土地增值税暂行条例实施细则》规定，在计算土地增值税扣除项目中的开发成本中也有基本相同的六大项内容：土地征用及拆迁补偿费、前期工程费、建筑安装工程费、基础设施费、公共配套设施费和开发间接费用。虽然企业所得税中的六大内容与土地增值税中的六大内容表述相同，但其中还是存在较大差异。

第二节　业务流程与涉税风险控制

一、开发建设阶段业务流程

房地产开发建设阶段的主要建设流程如表3-2所示：

表3-2 开发建设阶段工程管理流程

目的：规范公司工程成本控制，提升工程成本管理水平

适用范围：公司开发的建设项目

操作流程：职责和工作要求

流 程	岗 位	工作要求	相关文件／记录
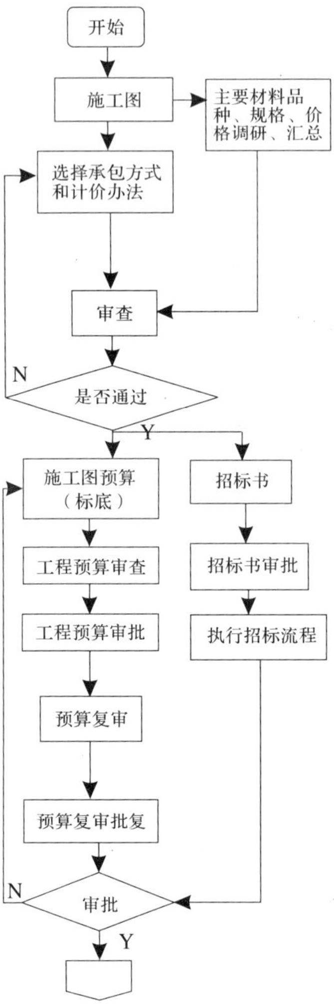	—	①进行图纸会审，签署审核意见。②市场调查。③货比三家。④选择质优价廉的材料。	—
	工程部，预算审计部	—	—
	—	—	施工图和各厂家信息资料
	预算审计部负责人	根据各专业工程提出相应的计价办法和取费标准。	—
	公司总经理	—	建设工程定额及相关文件
	公司董事会	—	—
	预算审计部专业预算工程师	—	—
	预算审计部负责人、公司总经理	①工程量计算准确。②定额子目套用准确。③价差及费率计算准确。	—
	公司总经理	—	—
	—	①抽查工程量计算。②审查定额子目。③全面审查材料价差及费率。④审查经济签证的计算。	—

续表

流　程	岗　位	工作要求	相关文件／记录
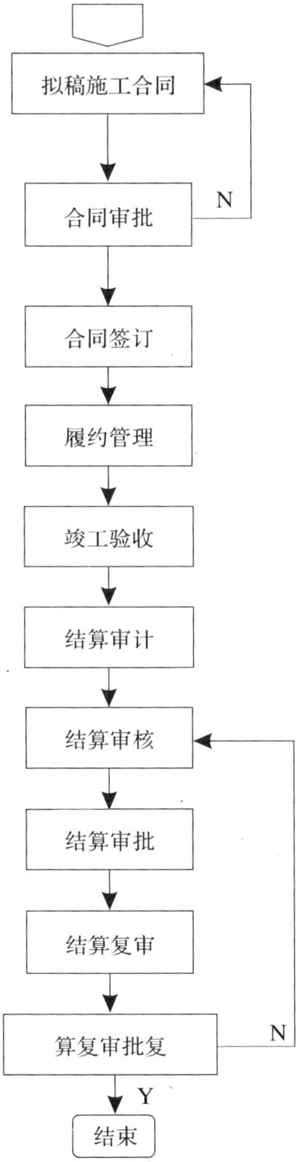	—	—	造价信息
	—	—	①工程造价管理办法。②岗位职责。③招投标流程。④招投标管理制度。
	—	—	
	预算审计部	—	
	—	①重点复查。②全面审计。	
	预算审计部	—	①审计制度。②工程审计办法。
	—	—	
	总经理	—	
	—	书面意见。	①合同法。②设计文件。③预算文件。
	—	—	—
	—	—	合同管理流程。
	预算审计部	审批意见。	—
	工程部	—	—
	预算审计部、工程部、财务部、办公室、总经理	—	—
	总经理	—	—
	—	—	合同管理流程。

续表

流　程	岗　位	工作要求	相关文件／记录
	预算审计部、工程部	—	—
	预算审计部和专业预算工程师	—	—
	预算审计部负责人	—	—
	预算审计部负责人	—	—
	—	—	合同。
	—	—	工程预算书。
	预算审计部负责人	—	—
	预算审计部负责人	—	工程造价管理办法。
	—	—	审计制度。
	—	—	工程审计办法。
	—	熟悉相关法规，按《合同法》和相关事项资料对工期、质量、造价、付款、违约责任、当事方责任的约定，做到清晰、明了。	—
	—	签署意见。	—
	—	严格执行合同条款。	—
	—	质量达到合同约定。	—
	—	全面审核。	—

续表

流　程	岗 位	工作要求	相关文件／记录
	—	①检查工程量。②检查定额子目套用。③检查材料价格及费率。	—
	—	抽查。	—
	—	重点抽查、全面受审。	—
	—	书面意见。	—

二、开发建设阶段涉税风险控制

（一）取得合法有效支出凭据

按照《企业所得税法》规定，企业实际发生的与取得收入有关的、合理的，包括成本、费用、税金、损失和其他支出，准予在计算应纳税所得额时扣除。税法所讲支出一般是从权责发生制角度来讲的，但是一般会要求企业提供证明支出实际发生的凭证。同时，支出实际发生不等于货币资金实际支付，企业在提供证明支出实际发生的凭证时不一定实际支付。当然，企业发生的合理的工资薪金支出，一般要求是必须是实际支付，才能在所得税前扣除。

国税发〔2008〕40号文件规定，对于不符合规定的发票和其他凭证，包括虚假发票和非法代开发票，均不得用以税前扣除、出口退税、抵扣税款。国税发〔2008〕80号也规定，企业取得的发票没有开具支付人全称的，不得扣除，也不得抵扣进项税额，也不得申请退税。国税发〔2009〕31号第三十四条规定，企业在结算计税成本时其实际发生的支出应当取得但未取得合法凭据的，不得计入计税成本，待实际取得合法凭据时，再按规定计入计税成本。《关于印发进一步加强税收征管若干具体措施的通知》（国税发〔2009〕114号）规定，未按规定取得的合法有效凭据不得在税前扣除。

按照《营业税暂行条例实施细则》规定，合法有效凭证包括以下几种情况："（一）支付给境内单位或者个人的款项，且该单位或者个人发生的行为属于营业税或者增值税征收范围的，以该单位或者个人开具的发票为合法有效凭证；（二）支付的行政事业性收费或者政府性基金，以开具的财政票据为合法有效凭证；（三）支付给境外单位或者个人的款项，以该单位或者个人的签收单据为合法有效凭证，税务机关对签收单据有疑义的，可以要求其提供境外公证机构的确认证明；（四）国家税务总局规定的其他合法有效凭证。"

从上面的规定可以看出，无论是实际发生或者实际支付时，都要企业提供能够证明支出实际发生的适当凭证。对实际发生的支出是否取得合法有效凭据是税务检查的重中之重。比如，在《关于进一步做好房地产行业税收专项检查工作的通知》（稽便函〔2008〕42号）中规定，要对被查企业列支成本费用的票据进行重点核对，单张票面金额在10万元以上的票据必须全部进行核查。

对于房地产企业来说，虚开建筑业发票的现象也比较普遍。虚开建筑业发票的目的是在没有真实业务的情况下，通过去税务机关代开建筑发票或取得建筑公司非法代开的发票，交一点营业税或者代开的手续费，从而获取企业所得税和土地增值税的更多的抵扣。发票虽然是真实的，但业务是虚假的，这属于偷税行为。虚开建筑业发票是历次房地产企业税务检查的重点所在。

（二）正确确定成本对象

开发产品成本对象的确定非常重要，如果成本对象不能准确确定，相应的计税成本就没有办法准确计算。房地产企业成本核算中较为突出的问题之一，就是通过混淆成本核算对象达到调节利润的目的。有些企业甚至把历年来所有项目开发成本，放在一个账户中进行核算，而不是分别以开发项目为核算对象进行明细核算，使当期单项工程开发成本无法准确核算。

国税发〔2009〕31号文件第二十六条规定，成本对象是指为归集和分配开发产品开发、建造过程中的各项耗费而确定的费用承担项目。计税成本对象的确定原则：

（1）可否销售原则。开发产品能够对外经营销售的，应作为独立的计税成本对象进行成本核算；不能对外经营销售的，可先作为过渡性成本对象进行归集，然后再将其相关成本摊入能够对外经营销售的成本对象。

（2）分类归集原则。对同一开发地点、竣工时间相近、产品结构类型没有明显差异的群体开发的项目，可作为一个成本对象进行核算。

（3）功能区分原则。开发项目某组成部分相对独立，且有不同使用功能时，可以作为独立的成本对象进行核算。

（4）定价差异原则。开发产品因其产品类型或功能不同等而导致其预期售价存在较大差异的，应分别作为成本对象进行核算。

（5）成本差异原则。开发产品因建筑上存在明显差异可能导致其建造成本出现较大差异的，要分别作为成本对象进行核算。

（6）权益区分原则。开发项目属于受托代建的或多方合作开发的，应结合上述原则分别划分成本对象进行核算。

成本对象由企业在开工之前合理确定，并报主管税务机关备案。成本对象一经确定，不能随意更改或相互混淆，如确需改变成本对象的，应征得主管税务机关同意。

另外，按照国税发〔2006〕187号文件的规定，土地增值税以国家有关部门审批的房地产开发项目为单位进行清算，对于分期开发的项目，以分期项目为单位清算；开发项目中同时包含普通住宅和非普通住宅的，应分别计算增值额。在国税发〔2009〕91号文件中规定，清算审核应审核房地产开发项目是否以国家有关部门审批、备案的项目为单位进行清算。

一般来讲，在确定成本核算对象时，房地产开发企业应结合开发工程的地点、用途、结构、装修、层高、施工队伍等因素，应该分别作如下处理：一般开发项目，应以每一独立编制的设计概算，或每一独立的施工图预算所列的单项开发工程作为一个成本核算对象；同一开发地点，结构类型相同的群开发项目，如果开竣工时间相近，又由同一施工队伍施工，可以合并为一个成本核算对象；对于个别规模较大、工期较长的开发项目，按开发项目的一定区域和部位，划分成本核算对象。

（三）土地征用费及拆迁补偿费

土地征用费及拆迁补偿费是指为取得土地开发使用权（或开发权）而发生的各项费用，包括土地买价或出让金、大市政配套费、契税、耕地占用税、土地使用费、土地闲置费、土地变更用途和超面积补交的地价及相关税费、拆迁补偿支出、安置及动迁支出、回迁房建造支出、农作物补偿费、危房补偿费等。

房地产企业支付给被拆迁人的拆迁补偿费，一般情况下出具下列凭证可以税前扣除：政府规定的拆迁补偿费标准的文件；被拆迁人签字的收款收据或收条；被拆迁户的住址信息；被拆迁人与房地产企业签订的拆迁补偿费协议；支付给行政机关、司法机关的罚款、罚金、滞纳金不得扣除，而因为违背经济合同支付给对方的违约金、罚款、滞纳金、银行罚息、诉讼费等都属于与生产经营有关的支出，准予税前扣除。

青苗补偿费是指国家征用土地时，农作物正处在生长阶段而未能收获，国家应给予土地承包者或土地使用者的经济补偿。国家税务总局《关于征用土地过程中征地单位支付给土地承包人员的补偿费如何征税问题的批复》（国税函发〔1997〕87号）文件规定，对土地承包人取得的土地上的建筑物、构筑物、青苗等土地附着物的补偿费收入，应按照《营业税暂行条例》的"销售不动产——其他土地附着物"税目征收营业税。而国家税务总局《关于土地使用者将土地使用权归还给土地所有者行为营业税问题的通知》（国税函〔2008〕277号）文件规定，纳税人将土地使用权归还给土地所有者时，只要出具县级（含）以上地方人民政府收回土地使用权的正式文件，无论支付征地补偿费的资金来源是否为政府财政资金，该行为均属于土地使用者将土地使用权归还给土地所有者的行为，按照国家税务总局《关于印发〈营业税税目注释（试行稿）〉的通知》（国税发〔1993〕149号）规定，不征收营业税。根据新法优于旧法的原则，只要出具县级（含）以上地方人民政府收回土地使用权的正式文件，青苗补偿费不属于不征收营业税的情形，因此，对土地承包人取得的青苗补偿费收入不征收营业税。

（四）土地成本的扣除

按照《土地增值税暂行条例实施细则》第七条的规定：计算增值额的扣除项目时，取得土地使用权所支付的金额是指纳税人为取得土地使用权所支付的地价款和按国家统一规定交纳的有关费用；旧房及建筑物的评估价格是指在转让已使用的房屋及建筑物时，由政府批准设立的房地产评估机构评定的重置成本价乘以成新度折扣率后的价格。国税发〔2006〕187号文件规定，房地产开发企业办理土地增值税清算时计算与清算项目有关的扣除项目金额，应根据《土地增值税暂行条例》第六条及其《实施细则》第七条的规定执行。除另有规定外，扣除取得土地使用权所支付的金额、房地产开发成本、费用及与转让房地产有关税金，须提供合法有效凭证；不能提供合法有效凭证的，不予扣除。同时，《土地增值税暂行条例实施细则》第十四条规定：提供扣除项目金额不实的，应由评估机构按照房屋重置成本价乘以成新度折扣率计算的房屋成本价和取得土地使用权时的基准地价进行评估。税务机关根据评估价格确定扣除项目金额。也就是说，计算缴纳土地增值税时土地成本不可能出现零值，最起码也可以按取得土地使用权时的基准地价进行评估。

《土地增值税暂行条例实施细则》第九条规定，纳税人成片受让土地使用权后，分期分批开发、转让房地产的，其扣除项目金额的确定，可按转让土地使用权的面积占总面积的比例计算分摊，或按建筑面积计算分摊，也可按税务机关确认的其他方式计算分摊。但是，企业所得税必须用占地面积法。国税发〔2009〕31号第二十九条规定，企业开发、建造的开发产品应按制造成本法进行计量与核算。其中，应计入开发产品成本中的费用属于直接成本和能够分清成本对象的间接成本，直接计入成本对象，共同成本和不能分清负担对象的间接成本，应按受益的原则和配比的原则分配至各成本对象。

（五）前期工程费

前期工程费指项目开发前期发生的水文地质勘察、测绘、规划、设计、可行性研究、筹建、场地通平等前期费用。前期工程费中需要关注的是境外设计费。《营业税实施细则》第四条第一款规定：条例第一条所称在中华人民共和国境内提供条例规定的劳务、转让无形资产或者销售不动产，是指提供或者接受条例规定劳务的单位或者个人在境内。因此，境外的设计费房地产开发企业要代扣代缴营业税。不过按照《企业所得税实施条例》第七条第二款规定，境外设计费不需要代扣代缴预提所得税。

（六）建筑安装工程费

建筑安装工程费指开发项目开发过程中发生的各项建筑安装费用。主要包括开发项目建筑工程费和开发项目安装工程费等。如果存在建筑安装工程费偏高问题，税务机关可参考当地建设管理部门公布的单位定额成本核定。

建筑安装工程费中要注意甲供材料的涉税问题。如果甲方供材料已经计入开发成本了，就不能再重复计入建安发票成本。有人认为材料发票是不合法凭证，不能直接计入开发成本是错误的。即使建筑公司没有就甲方供材料部分缴纳营业税，房地产公司在甲方供材料业务中取得的相关材料发票也是完全可以作为合法凭证进行账务处理。如果建筑公司没有对甲方供材料部分缴纳营业税，税务机关也不可以要求房地产公司单独就这部分补缴相关税收。建筑业营业税是针对建筑施工企业提供建筑劳务而不是针对建设单位征收的一种税。

在由建设单位代扣代缴的情况下，房地产开发企业不能将代扣代缴的营业税计入成本费用扣除，即使有合同规定由甲方负担营业税及附加，也不可以。按照《税收征收管理法实施细则》第三条规定，纳税人应当依照税收法律、行政法规的规定履行纳税义务；其签订的合同、协议等与税收法律、行政法规相抵触的，一律无效。在合同中约定营业税金（实际中一般约定所有相关税金）由接受方承担，显然是违反了上述税收法律的规定，根据《合同法》规定，违反法律、行政法规进行强制性规定的合同无效，故在合同中约定代付营业税金应当属无效条款。

（七）基础设施建设费

基础设施建设费指开发项目在开发过程中所发生的各项基础设施支出，主要包括开发项目内道路、供水、供电、供气、排污、排洪、通信、照明等社区管网工程费和环境卫生、园林绿化等园林环境工程费。

需要注意的是，园林绿化等园林环境工程费不属于配套设施，因此税法没有规定必须按照建筑面积对园林进行分摊，除了占地面积、配套设施、贷款利息三项共同费用外，企业可以自行按照占地面积法、建筑面积法、工程概算法等办法进行分摊扣除。

（八）公共配套设施费

公共配套设施费是指开发项目内发生的、独立的、非营利性的，且产权属于全体业主的，或无偿赠与地方政府、政府公用事业单位的公共配套设施支出。国税发〔2009〕31号第十七条规定，企业在开发区内建造的会所、物业管理场所、电站、热力站、水厂、文体场馆、幼儿园等配套设施，按以下规定进行处理：属于非营利性且产权属于全体业主的，或无偿赠与地方政府、公用事业单位的，可将其视为公共配套设施，其建造费用按公共配套设施费的有关规定进行处理；属于营利性的，或产权归企业所有的，或未明确产权归属的，或无偿赠与地方政府、公用事业单位以外其他单位的，应当单独核算其成本。除企业自用应按建造固定资产进行处理外，其他一律按建造开发产品进行处理。

配套设施的权属是税务检查的重点，如产权归企业所有的会所，要单独核算成本。如果企业把产权归企业所有的会所的成本计入开发产品，税务机关就会纳税调增。

公共配套设施费用可以预提，可以按照预算造价来合理预提配套设施建造费用。国税发〔2009〕31号第三十二条规定：公共配套设施尚未建造或尚未完工的，可按预算造价合理预提建造费用。此类公共配套设施必须符合已在售房合同、协议或广告、模型中明确承诺建造且不可撤销，或按照法律法规规定必须配套建造的条件。

（九）开发间接费

开发间接费是指企业为直接组织和管理开发项目所发生的，且不能将其归属于特定成本对象的成本费用性支出。主要包括管理人员工资、职工福利费、折旧费、修理费、办公费、水电费、劳动保护费、工程管理费、周转房摊销以及项目营销设施建造费等。房地产开发企业的行政管理部门（总部）为管理和组织经营活动而发生的管理费用，应在房地产开发费用中列支，不应在此扣除。开发间接费只能列支房地产开发企业内部独立核算直接组织管理开发项目发生的间接费用。

在实际工作中，往往以是否设立现场管理机构为依据进行划分，如果开发产品不建现场机构，而由公司定期或不定期地派人到开发现场组织其开发建设活动，其所发生的费用可直接并入企业的管理费用。若企业建立现场管理机构，则所发生的费用计处开发间接费用中，开发间接费用科目用于核算企业内部独立核算单位为开发产品而发生的各项间接费用。

第三节　涉税制度要点及案例点评

房地产开发建设阶段的涉税制度主要涉及企业成本费用的核算与管理、资金支付业务的票据及流程管理等。成本费用的核算与管理既要体现《企业会计准则》的要求，也要满足税法对会计核算、计税成本、票据等的要求。

一、成本费用核算制度的制定

表3-3为某房地产开发企业的成本核算办法。

表3-3　××房地产开发企业成本核算办法

制度名称	××房地产开发企业成本核算办法		制度编号	
			受控状态	
执行部门		监督部门	生效日期	

第一章　总　则

第一条　为了加强企业的成本、费用核算，提高企业的经济效益，规范房地产开发企业成本核算方法，根据《企业会计准则》，结合本集团实际情况及管理要求，特制定本办法。

第二条　本办法适用于集团内从事房地产开发企业和单位。

第二章　成本核算的对象及要求

第三条　成本核算对象一般应在开工之前确定，一经确定就不得任意改变，更不能互相混淆、串户。成本核算对象应结合工程地点、用途、结构、装

续表

修、层高及施工队伍等因素，分别作以下处理： 1. 一般的开发项目以每一独立编制设计概（预）算或每一独立的施工图预算所列的单项开发工程项目为成本核算对象。 2. 同一开发地点，结构类型相同的群体开发项目开竣工时间相近，同一施工队伍施工，可以合并为一个成本核算对象。 3. 对于个别规模较大、工期较长的项目，可以结合经济责任制的需要，按开发项目的一定区域或部位划分成本核算对象。 **第四条**　各成本项目的预算成本（计划成本）和实际成本的核算范围，计算口径必须一致。 **第五条**　成本核算应根据计算期内已完工程实际消耗和实际价格，按照权责发生制的原则，分别进行成本核算，做到手续完备、内容真实、准确及时。 **第三章　成本项目和开支范围** **第六条**　根据房地产开发企业会计制度规定，开发产品的成本项目分为： 1. 土地征用及拆迁补偿费。 2. 前期工程费。 3. 建筑安装工程费。 4. 基础设施费。 5. 公共配套设施费。 6. 开发间接费。 **第七条**　成本开支范围。 一、土地征用及拆迁补偿费 1. 土地征用费：土地、青苗、集体财产、私人财产、平整农田补偿费、新菜田基金。 2. 耕地占用税。 3. 劳动力安置费：安置劳动力单位补贴款、农转工级差补贴、超转人员安置费等。 4. 地上地下物拆迁补偿费：指私产发价、搬家费、拆迁费、伐树费、单位拆迁费、清理费、安置动迁用户支出，地上地下市政管线拆改费。拆迁旧建筑物回收的残值冲减此成本费用。 二、前期工程费 1. 规划设计勘测费：居住区总体规划、设计、项目可行性研究、环境评估、水文、地质勘察、测绘等费用。

续表

2. 三通一平：为达到施工要求而发生修建道路，通水通电及伴随的破路、占地、维护、看管线、场地填土、平整费用。 3. 前期不可预见的其他费用。 三、建筑安装工程费：列入建筑安装工程施工图预算项目的各种建筑工程费，含设备费。 四、公共配套设施费：列入建筑安装工程施工图预算项目内的，在开发区内构成独立的非营业性建筑项目。如居委会、派出所、托儿所、消防、锅炉房、水塔、自行车棚、公厕；另外还有副食店、菜站、粮店、小吃店、邮局、中小学、文化站、奶站、门诊所、卫生站等。 五、基础设施费：开发区内各种基础设施有开发区红线内道路及附属设施；供水管线、高压水泵房、环卫设施。 六、开发间接费：指企业内部独立核算单位为开发产品而发生的各项间接费用。包括开发人员的工资、奖金、福利费（按工资总额14%提取计入）、折旧费、修理费、办公费、劳动保护费、差旅交通费、周转房摊销、低值易耗品摊销、咨询费、诉讼费、物资消耗、技术开发费、其他费用等。 **第八条**　下列开支不得列入成本。 1. 为购置和建造固定资产、无形资产和其他资产的支出。 2. 对外投资支出。 3. 没收的财物、支付的滞纳金、罚款、违约金、赔偿金及企业赞助、捐赠等支出。 4. 应在应付福利费中列支的费用。 5. 应在期间费用开支的费用。 6. 国家法律、法规规定以外的各种支出，国家规定不得列入成本、费用的其他支出。 **第四章　成本管理责任制** **第九条**　开发企业按照分级、归口管理、权责结合，责任到人的原则，建立健全与生产管理体制相适应的责任制。 **第十条**　开发企业负责全面的经济核算，负责编制计划成本和降低成本措施，负责编制开发项目的概算，审查施工单位的概（预）算，负责审定内部结算价格，统一材料价格差异，办理工程价款结算，核算开发项目实际成本，负责编制和汇总年、季度成本报表。 **第十一条**　开发企业的经理，对企业开发经营的经济效果负全面责任。 **第十二条**　总会计师或行使总会计师职权的副经理，协助经理组织领导本企业的成本管理，正确执行成本计划，准确核算成本，对本企业的成本管理

续表

和财务管理负责。 **第十三条** 总经济师协助经理管理计划、经营、预算等项工作，采取有效措施，节约投资，降低成本，对其经济效果负责。 **第十四条** 总工程师协助经理管理规划、设计、施工、技术创新等工作，做到技术上先进、合理，经济上节约、有实效，对各项技术组织措施的经济效果负责。 **第十五条** 开发企业财务部门对成本管理的责任是：参与开发项目可行性研究和项目评估；汇总计划成本资料，制定本企业成本管理制度，监督成本开支范围；组织成本核算，考核成本计划的执行情况，对成本进行预测、预控和分析；编制成本报表。 **第十六条** 开发公司各部门，应结合本部门的职责，在经理的领导下，以财务部门为核心参与企业成本管理，向财务部门提供有关数据资料，对本部门的成本管理负责。 1. 规划部门。负责开发项目总体规划，设计方案的选优；按批准的规划设计严格控制开发项目投资规模。 2. 经营计划部门。组织开发项目可行性研究，对项目提出决策性建议，编制年度开发建设计划，执行工期定额，严格控制建设周期；组织有关部门编制商品房销售计划、确定产品价格，负责办理产品预售、组织收取购房定金，及时办理产品销售，收集并向有关部门提供市场信息。 3. 工程部门。按开发项目规划征购建设用地，及时组织拆迁安置和地上、地下物的处理及三通一平，减少前期工程费用；按基本建设程序和规划设计要求组织工程实施；负责工程质量的监督、检查，组织工程质量的评定和竣工工程的质量验收。 4. 材料部门。负责材料设备的采购供应计划，核算材料设备的价格，降低采购成本；健全保管和收发制度，加强材料、设备的管理；办理收料与供料的结算手续，及时结算购房单位应负担的材料差价，降低材料成本。 5. 预算部门。参与开发项目可行性研究，编制开发项目投资概算和审核施工图预算；合理编制招标工程的造价标底；同有关部门签订经济合同并履行合同中的经济条款；编制计划成本。 6. 行政管理部门。负责编制管理费开支计划，制定管理费用的节约措施并组织实施；对管理费用实行指标分管，归口负责。 **第五章 计划成本编制** **第十七条** 开发项目的计划成本必须以开发项目总体规划为依据，由预算部门编报。

续表

一、编制计划成本的依据 1. 经批准的开发项目总体规划。 2. 工程项目设计概算。 3. 经建设银行预算审查处审核的工程预算，平方米造价指标、中标价等。 4. 市政府发布的征用土地和动迁的法规以及依法规而进行征地动迁的测算资料。 5. 中国人民银行发布的有关贷款利率现行文件。 6. 管理费用计算方法。 7. 市政府及其他有关部门制定的有关税费标准。 二、编制计划成本的作用 1. 确定商品房价格的依据。 2. 编制年度成本计划，制定成本降低措施、内部承包考核的依据。 3. 控制、分析、考核成本支出的依据。 4. 经建设银行批准可配合会计核算的开展。 **第十八条**　各单位编制所承担开发项目的年度成本计划，分解为季、月度计划。开发部汇总后，下达成本计划指标，协调与计划成本的关系，并考核完成情况。 **第六章　会计核算** **第十九条**　财务部门对成本核算对象进行日常的会计核算工作，建立成本账目，依据统一的核算办法归集分配成本费用，及时结转。 **第二十条**　成本支出的归集与分配： 根据企业会计准则的规定，企业设置“开发成本”科目核算房地产开发项目成本。其明细科目可以归纳为以下六类：土地征用及拆迁补偿费、前期工程费、建筑安装费、基础设施费、公共配套设施费、开发间接费。 1. 发生的土地征用费、耕地占用税、劳动力安置费及有关地上、地下附着物拆迁的净支出、安置动迁用房等支出。 借：开发成本——×项目——土地征用及拆迁补偿费 　　贷：银行存款等科目 2. 发生的规划、设计、项目可行性研究和水文、地质、勘察、测绘、三通一平等支出时。 借：开发成本——×项目——前期工程费 　　贷：银行存款，其他应付款等科目 3. 以出包方式支付给承包单位的建筑安装工程费，和以自营方式发生的

续表

建筑安装工程费。

借：开发成本——×项目——建筑安装工程费

贷：银行存款，应付账款等

4. 开发小区内道路、供水、供电、供气、排污、排洪、通信、照明、环卫、绿化等工程发生的支出。

借：开发成本——×项目——基础设施费

贷：银行存款，应付账款等

5. 发生的不能有偿转让的开发小区内公共配套设施发生的支出。

借：开发成本——公共配套设施费

贷：银行存款，应付账款等

6. 与直接组织、管理开发项目发生的相关费用，包括工资、职工福利费、折旧费、修理费、办公费、水电费、劳动保护费、周转房摊销等。

借：开发成本——开发间接费

贷：银行存款，其他应付款等

待产品开发完成后，将“开发成本”结转到“开发产品”。

第七章 期间费用的核算

一、管理费用

企业行政管理部门为管理和组织经营活动而发生的各项费用。包括工资、福利费、工会经费、职工教育经费、劳动保险费、待业保险金、房产税、印花税、车船使用税、土地使用税、技术开发费、无形资产摊销、业务招待费、董事会费、咨询费、审计费、诉讼费、排污费、技术转让费、存货盘亏毁损和报废损失等其他费用。

二、财务费用

企业为筹集资金而发生的各项费用，包括企业在经营中发生的利息净支出汇总净损失，调剂的外汇手续费，金融机构手续费及企业筹资中发生的其他财务费用等。

三、销售费用

企业为销售产品或提供劳务过程中发生的各项费用，以及专设的销售机构的各项费用。包括在产品销售过程中发生的广告费、展览费、代销手续费、销售服务费；在产品销售前发生的改装修复费、产品看护费、水电费等；专设销售机构人员工资、奖金、福利费、折旧费、修理费等。

第八章 成本分析

第二十一条 企业为了降低成本，加强成本管理，制定降低成本目标，编制成本计划，加强成本控制，进行成本核算和成本考核，并采取各项措施，

续表

保证完成和超额完成降低成本的计划要求。在这个过程中，为了挖掘降低成本的潜力，寻找降低成本的途径和方法，应经常地进行成本分析。

第二十二条 成本分析实行全面分析和单项专题分析相结合，分季、年度分析，并加以说明。成本分析的方法，主要采用对比分析法和因素分析法两种。

1. 对比分析法：以实际指标与计划指标对比，找出实际与计划的差异，可以说明计划完成的情况，为进一步分析提供方向；同规模小区相比，可以找出各小区的差距原因。

2. 因素分析法：按成本项目逐个分析影响因素。

第九章 成本报表

第二十三条 为了及时了解企业成本费用情况，指导各开发企业成本核算，各单位必须及时编报以下成本报表：

1. 在建开发产品成本表。

2. 已完开发产品成本表。

3. 开发间接费用表。

第二十四条 报表编制要求：

1. 企业在填列成本表各行次时，应按开发产品的类别和项目，逐行填列。同一成本核算对象的开发项目，所属各单项工程全部竣工，并已进行已完工程成本结转的，不再填列本表，本表应根据开发成本科目填制。季末十日前上报开发部财务科，年报另规定时间。

2. 已完开发产品成本表。本表填本年度内完工的开发产品，应按已完工开发产品类别和项目分栏逐行填列。上报时间同上。

3. 开发间接费用表。应根据开发间接费用科目分项填列，本表发生额应于分摊各成本项目有关科目开发间接费相等。上报时间同上。

第十章 附 则

第二十五条 本办法由集团总公司财务部负责解释。

第二十六条 本办法从颁布之日起实行。

编制日期		审核日期		批准日期	
修改标记		修改处数		修改日期	

房地产投资项目具有资金投入大，建设周期长，成本核算环节多，投资风险高等特点。这就更需要精打细算，规避风险，力求以最少

的成本耗费获取最大的经济利益。房地产开发企业不仅要遵守国家的有关法律法规和制度，还应该结合企业的实际情况、行业特点，建立和健全企业的规章制度，加强和完善房屋成本核算的规章和制度建设，使成本核算工作有法可依、有章可循，从而保证成本会计资料的真实、可靠，促进企业成本核算水平和会计信息质量的提高。同时，房地产开发企业应该考虑自身规模大小和开发项目的规模特点等因素，在保证成本会计工作质量的前提下，合理地设置会计机构，配备必要的成本核算人员。每一房地产项目应由专人负责成本核算工作，大型项目应设立成本工作组专门负责成本预测、成本决策、成本计划、成本核算、成本控制、成本报表编制和分析等主要工作，使成本核算和管理有机地结合起来，形成算为管用、算管结合的有效机制。成本工作组的工作方式也应根据项目具体实际，确定分别采用集中和非集中工作方式。

从成本费用核算的角度看，利用成本费用的充分列支是减轻企业税负的一个重要手段。因此，在遵循有关税收规定的前提下，企业应将发生的准予扣除的成本费用应支尽支，应列尽列。对于跨期摊销的费用采用不同的费用摊销方法对企业的税负会产生不同的影响。一般而言，采用不规则摊销方法的企业，由于会导致成本忽大忽小，利润时高时低，如果遇上累进税率临界突变点，就有可能加重企业税负。通常情况下，平均摊销法由于可以均化利润，往往可以最大限度抵减利润，减轻税负，是跨期摊销费用的理想方法。

企业在制定成本费用核算制度时，要体现《企业会计准则》的要求，建立规范的会计核算制度是企业做好纳税工作的基础，同时也要协调税法与会计准则的差异，确定合规的核算对象，设置科学的核算程序，为企业科学确定计税成本提供基础资料。

二、开发建设阶段典型业务流程

在成本费用发生过程中，建立严格的资金管理程序，及时取得支付凭据，是降低税务风险的重要保障。表3-4至表3-9是房地产开发企业在日常经营管理过程中主要的几项涉税业务流程。

表3-4　付款业务流程

申请部门		审批人	财务部门			
申请人	主管		制单员	稽核员	出纳员	记账

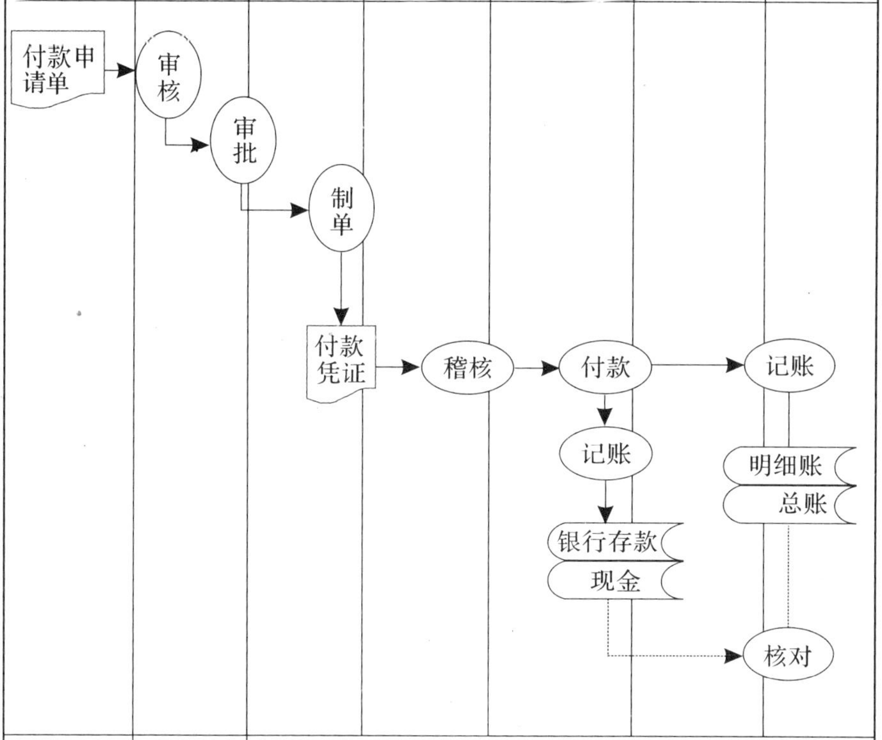

业务环节	责任人	控制要求
1. 支付申请	用款经办人	（1）填写付款申请单，注明款项的用途、金额、预算、支付方式等。 （2）附相关附件：计划、发票、入库单等。需经股东大会、董事会批准的事项，必须附有股东大会决议、董事会决议。 （3）由经管部门的经管人员办理申请。 （4）3 000元以上现金支付提前一天通知财务部门。

续表

业务环节	责任人	控制要求
2. 支付审批	申请部门主管	（1）核实该付款事项的真实性，对该项付款金额合理性提出初步意见。 （2）对有涂改现象的发票一律不审核。 （3）对不真实的付款事项拒绝审核。
	核决人	（1）在自己核决权限范围内进行审批。 （2）对超过核决权限范围的付款事项审核后转上一级核决人审批。 （3）对有涂改现象的发票一律不审批。 （4）对不符合规定的付款拒绝批准。
3. 支付复核	制单员	（1）复核支付申请的批准范围、权限是否符合规定。 （2）审核原始凭证包括日期、收款人名称、税务监制章、经济内容等要素是否完备。 （3）手续和相关单证是否齐备。 （4）金额计算是否准确。 （5）支付方式是否妥当。1 000元以上的单位付款应采用银行结算方式支付。 （6）收款单位是否妥当。收款单位名称与合同、发票是否一致。
	稽核员	（1）复核制单员的账务处理是否正确。 （2）对制单员复核的内容再复核。 （3）付款单位是否与发票一致。 （4）复核后直接交出纳办理支付。
4. 办理支付	出纳	（1）对付款凭证进行形式上复核。 ①付款凭证的所有手续是否齐备。 ②付款凭证金额与附件金额是否相符。 ③付款单位是否与发票一致。 （2）出纳不能保管所有预留银行印鉴。 （3）现金支付有另人复点或至少复点两次；开出的银行票据有另人复核。 （4）非出纳人员不得接触库存现金和空白票据。 （5）付款后在付款凭证及附件上盖上“付讫”章。
5. 核对	主管会计	（1）总账与现金、银行存款账核对。 （2）总账与明细账相对。 （3）编制银行存款调节表，对未达账核实，并督促经办人在10天内处理完毕。 （4）与银行定期核对余额和发生额。 （5）每月不定期对现金抽点两次。

表3–5　费用报销管理流程

费用报销管理流程		
编号：________		编制日期：________
第____次修改		修改日期：________
相关部门	财务部	相关领导

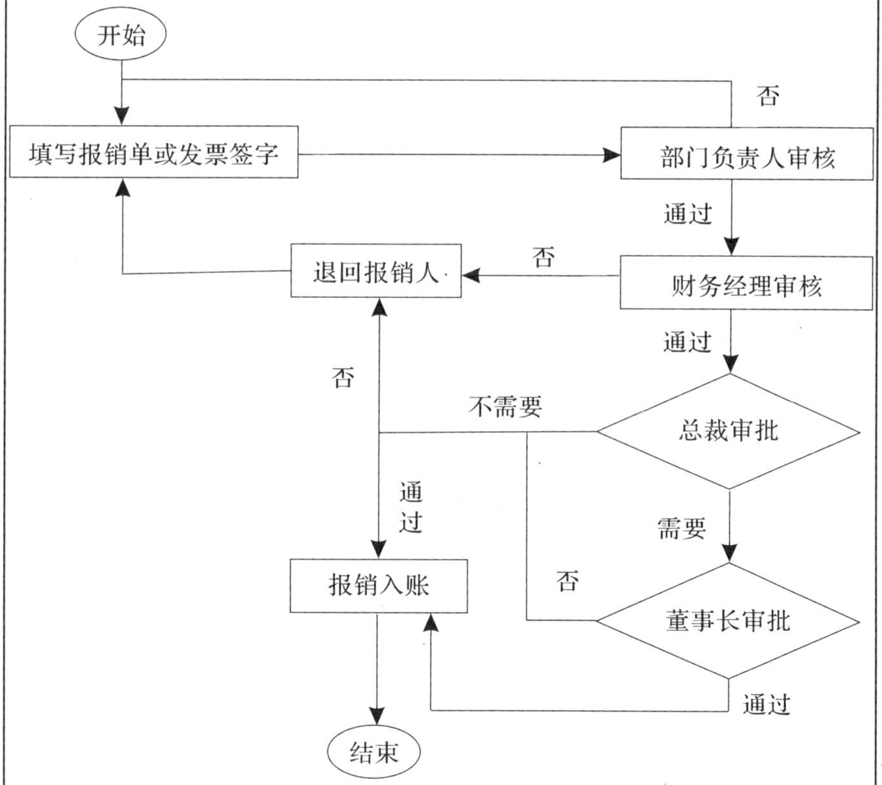

表3-6　资产购置管理流程

资产购置管理流程		
编号：＿＿＿＿＿＿		编制日期：＿＿＿＿＿＿
第＿＿＿＿次修改		修改日期：＿＿＿＿＿＿
相关部门	财务部	相关领导

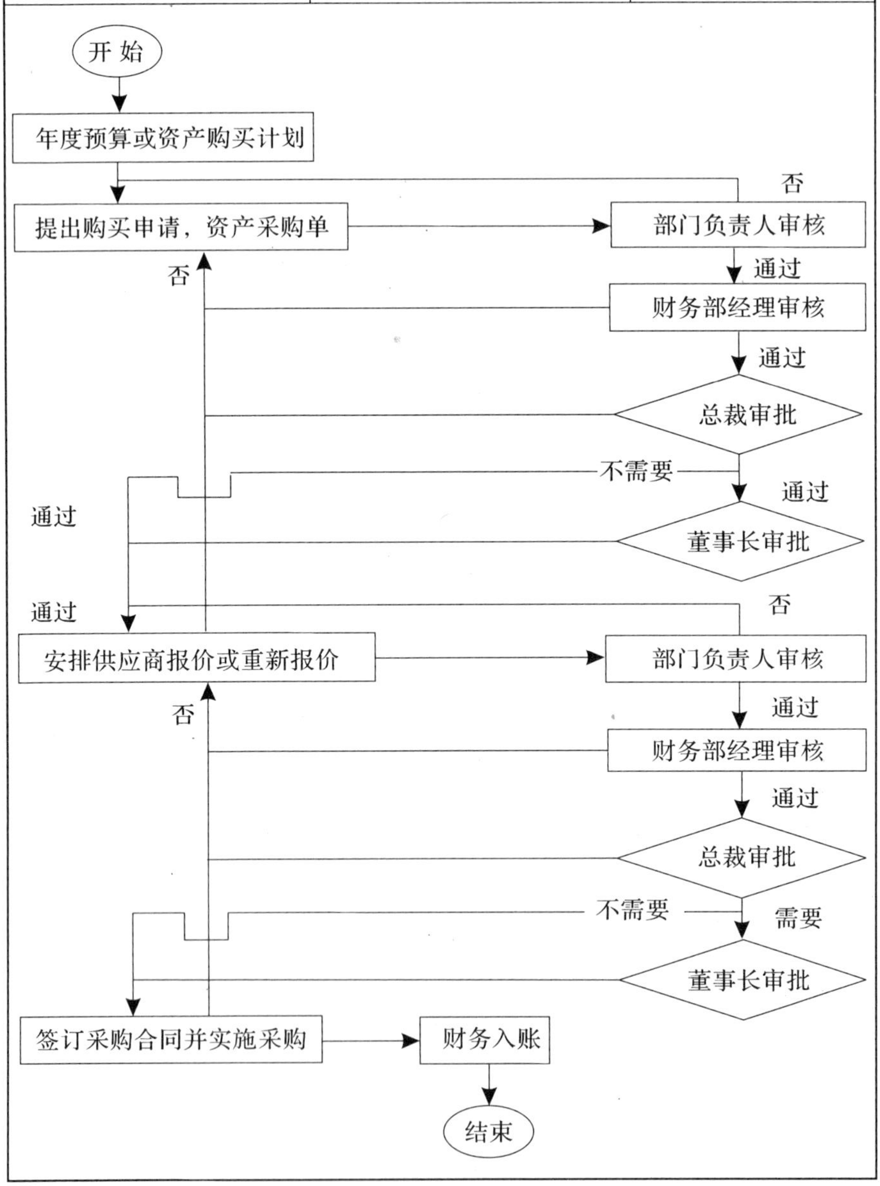

表3–7　资产入账管理流程

资产入账管理流程		
编号：________		编制日期：________
第______次修改		修改日期：________
相关部门	财务部	相关领导

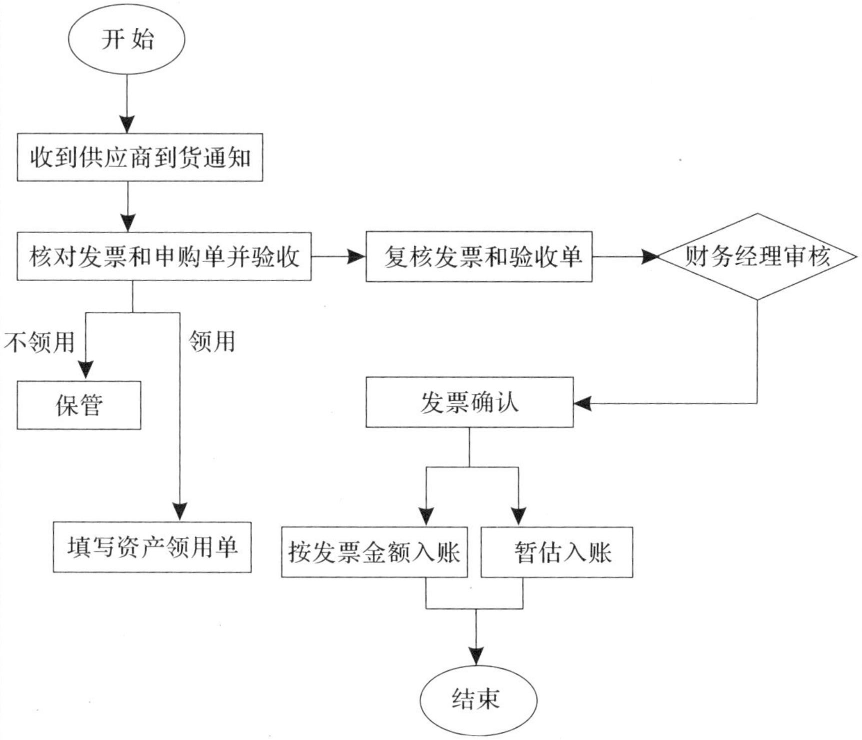

表3-8　资产盘点管理流程

资产盘点管理流程		
编号：__________		编制日期：__________
第______次修改		修改日期：__________
相关部门	财务部	相关领导

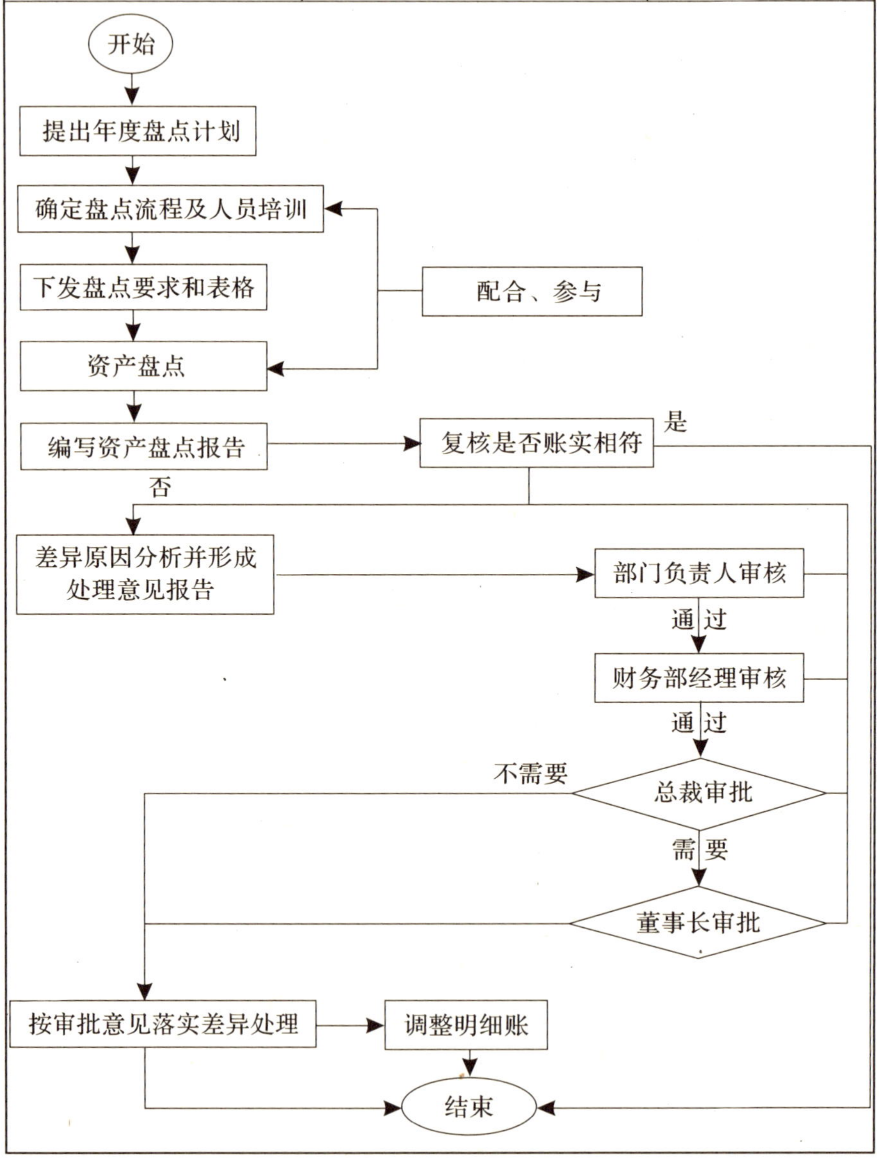

表3-9　资产处置管理流程

资产处置管理流程		
编号：________		编制日期：________
第______次修改		修改日期：________
相关部门	财务部	相关领导

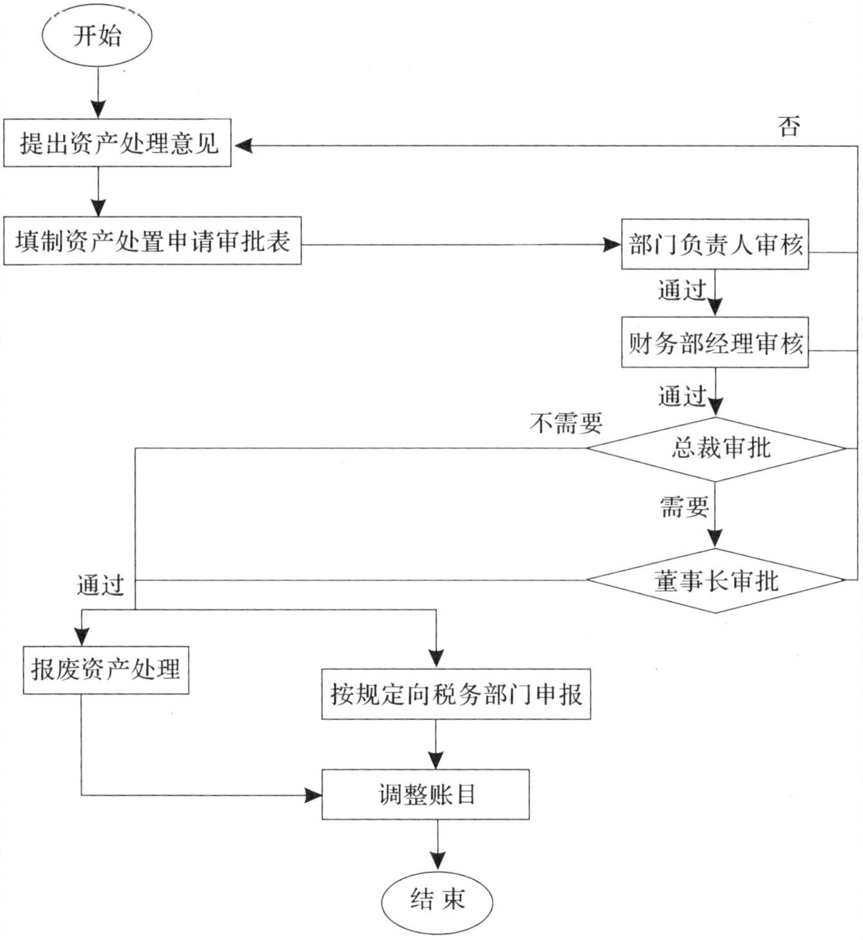

第四节　涉税合同条款及案例点评

一、合同的订立与印花税

许多企业管理者认为，印花税是小税种，涉税金额也不大。然而，房地产开发企业在经营活动中却总是需要频繁地订立各种各样的合同，且有些合同金额巨大。积少成多，印花税的税负也不算轻。由于印花税税负的多少很大程度上和合同金额有很大关系，因此，企业在签署合同时，要注意相关条款的设置，最大限度地降低印花税计税合同金额。通常情况下，房地产开发企业在签署合同时应该关注一下税法规定：

（1）同一凭证载有两个或两个以上经济事项而适用不同税目税率，如分别记载金额的，应分别计算应纳税额，相加后按合计税额贴花；如未分别记载金额的，按税率较高的计税贴花。

（2）应税凭证所载金额为外国货币的，应按照凭证书立当日国家外汇管理局公布的外汇牌价折合人民币，然后计算应纳税额。

（3）应纳税额不足1角的，免纳印花税；1角以上的，其税额尾数不满5分的不计，满5分的按1角计算。

（4）对国内各种形式的货物联运，凡在起运地统一结算全程运费的，应以全程运费作为计税依据，由起运地运费结算双方缴纳印花税；凡分程结算运费的，应以分程的运费作为计税依据，分别由办理运费结算的各方缴纳印花税。

（5）对国际货运，凡由我国运输企业运输的，不论在我国境内还是境外起运或中转分程运输的，我国运输企业所持的一份运费结算凭证，均按本程运费计算应纳税额；托运方所持的一份运输结算凭证，按全程运费计算应纳税额。由外国运输企业运输进出口货物的，外国运输企业所持的一份运费结算凭证免纳印花税；托运方所持的一份运费结算凭证应缴纳印花税。

因此，对于同一合同若载有两个或两个以上经济事项而适用不同税目税率，要尽量分别核算金额；对于数额较大的合同，若签订时暂时无法确定计税金额，可在签订时先不确定金额，先按定额5元贴花，等以后结算时再按实际金额计税；减少流转环节简化合同数量也是节省印花税的好方法。

二、典型合同条款及点评

在纳税管理中，房地产开发企业经营过程产生的合同是作为一种辅助凭证而存在的。一般地讲，一项较大的成本或费用项目支出都应签有正式的合同，除了一些很大的施工合同因为工程预算的误差而稍有出入外，合同的金额应与最终支付的金额（发票的金额）完全一致。房地产开发企业开发建设阶段一般涉及以下各种合同：房屋拆迁补偿协议、勘察设计合同、工程承包合同、建筑装饰工程施工合同、工程监理合同等。

（一）房屋拆迁补偿协议

房屋拆迁补偿协议中应注意以下几项内容：

（1）拆迁当事人的姓名、名称、住所地、通信地址等基本情况。

（2）拆除房屋的有关情况，包括房屋的坐落地点、结构、楼层、面积、质量、间数以及附属设施等等。

（3）补偿方式、金额和时间。补偿方式分货币补偿和房屋产权调换。若是货币补偿，则补偿金额根据被拆迁房屋的区位、用途、建筑面积等因素，以房地产市场评估价格确定。若是产权调换，则按照拆迁房屋和调换房屋各自的房地产市场评估价格计算，结清产权调换的差价。值得注意的是，在大多数情况下，被拆迁人可以选择补偿方式，但是在以下两种情况下，不得选择补偿方式：①拆迁非公益事业房屋的附属物，不作产权调换，由拆迁人给予货币补偿；②拆迁租赁房屋，被拆迁人与房屋承租人对解除租赁合同达不成协议且被拆迁人不能对承租人进行安置的，拆迁人应当对被拆迁人实行房屋产权调换，产权调换的房屋由原房屋承租人承租。至于补偿的时间，一般应在拆迁前一次性补偿。

（4）房屋估价。在实行货币补偿形式的情况下，需要对被拆迁房屋的市场价格进行评估，在实行房屋产权调换形式的情况下，需要同时对被拆迁房屋和所调换房屋的市场价格进行评估，以作为结清差价的依据。至于房屋的评估机构的选择，应由拆迁人和被拆迁人共同选定，如双方未能就选定评估机构达成合意，则由双方各提出一至两家评估机构，抽签决定。评估费用一般由拆迁人承担。有些地方性法规、规章规定，评估工作由当地拆迁管理部门下属的房地产评估机构承担，这种规定显然属于行政性垄断，被拆迁人对其评估价格的公信力也多持怀疑态度，因为拆迁管理部门多为当地的房地产管理部门，房地产管理部门在进行房地产行政管理过程中与拆迁单位难免建立一些关系，而被拆迁人与房地产管理部门的联系很少，被拆迁人有理由怀疑拆迁人利用与房地产管理部门的关系去干预和影响房屋评估的过程和结果。所以，利用地方性法规、规章规定市场主体之间民事行为中的房屋价格评估由拆迁管理部门下属的房地产评估机构承担并非妥适。当然，被拆迁房屋与调换房屋的价格也并非一定要进行评估，若双方能就补偿的金额和差价结算的金额达成一致意见，就可以不评估，这样一方面可以尽快签订拆迁协议并付诸实施，节省时间，提高效率，另一方面可以省却一笔评估费，降低拆迁中的成本。

（5）拆迁安置办法。安置是针对被拆迁房屋的承租人的。在被拆迁人不能与房屋承租人解除租赁关系且不能对承租人进行安置的情况下，拆迁人应当对承租人进行安置，可以支付临时安置补助费，也可以提供周转房。

（6）搬迁补助费、临时安置补助费、停业补偿费的支付。拆迁人应当对被拆迁人或者房屋承租人支付搬迁补助费，在过渡期限内，被拆迁人或者房屋承租人自行安排住处的，拆迁人应当支付临时安置补助费，因拆迁非住宅房屋造成停产、停业的，拆迁人应当给予适当的停业补偿费。《城市房屋拆迁管理条例》第三十一条规定，搬迁补助费和临时安置补助费的标准，由省、自治区、直辖市人民政府规定。

（7）搬迁期限和过渡期限。搬迁期限是被拆迁人和房屋承租人自行搬迁的时间界限，这一期限是用来约束被拆迁人和房屋承租人的。过渡期限是指在实行产权调换补偿形式下，拆迁人提供适宜入住的调换房屋的时间界限，这一期限是用来约束拆迁人的。

（8）违约责任。对拆迁人来说，违约责任主要是不能按时支付补偿款和超过过渡期限提供产权调换房屋的责任，承担责任的方式一般是支付违约金。对被拆迁人和房屋承租人来说，违约责任主要是不按时搬迁和腾退周转房的责任，承担责任的方式是被强制搬迁。

（二）工程承包合同

工程承包合同是指房地产开发企业和建筑公司之间签订的，由建筑公司完成工程建设任务，房地产开发企业接受建设成果并支付报酬的合同。工程承包合同应当采用书面形式。建设工程的招标投标活动，应当依照有关法律的规定公开、公平、公正进行。 工程承包合同涉税条款主要包括材料及设备供应、工程分包、建筑和安装施工等。

1. 材料及设备供应

为了保证材料质量或控制材料成本，房地产开发企业可以根据自身的情况选择“甲供材料”或“甲控材料”的方式对材料进行控制。“甲供材料”是房地产开发企业直接采购材料，直接供应给施工单位，如直接组织采购钢材、水泥、外墙砖及门窗型材等；“甲控材料”是房地产开发企业限定了材料的品牌、材质及规格（有时也规定价格），由施工单位负责采购并综合在报价内，如只规定管材、防水材料、五金配件的品牌等但不直接供应，由施工单位负责采购及供应。

在签订工程合同内注明，建筑材料由建设单位提供，销货方将材料发票开具建设方，建设方提供的材料价款，不包括在工程合同内。建筑安装企业承包工程在开具发票时“甲供材料”价款不能作为发票开具金额。建设单位将甲供材料直接列入开发成本，并按税法有关规定在“建筑业”劳务发生地缴纳营业税。在签订工程合同内注明，建筑安装企业委托建设单位代购材料，销货方将发票开具给委托方（建筑安装企业），并由受托方将该项发票转交给委托方；受托方另外收取手续费。甲方为乙方代购材料，乙方将甲方代购材料应全额计入工程造价，一并计征营业税开具“建筑业”发票。

对于合同中规定的甲供设备，按照营业税条例的规定可以不计入营业额计算缴纳营业税。施工单位在收到厂家设备或是领取设备时签认相关证明，房地产开发企业根据施工单位的签认证明办理付款，索要发票；房地产开发企业在批复给施工单位的计价单中如计价总额包含甲供设备，应在计价总额下单列甲供设备金额；施工单位根据业主批复的验工计价总额扣除甲供设备部分计算缴纳营业税向业主开具建筑安装工程发票。工程实践中，由于设备名单没有明细，许多工程往往未将设备款项剥离，导致设备的税金无谓征收。

2. 工程价款与结算

工程承包合同的主要涉税条款还包括价款、结算方式及付款方式的确定。房地产开发企业与施工企业在工程承包合同中规定的工程价款的结算，应根据国家有关工程价款结算办法，结合当地的有关规定具体确定，目前主要有如下三种方式：按月结算，就是按照每月实际完成的分部分项工程进行结算，由于房地产企业施工跨年度，施工管理复杂，按月结算及时性强，但工作量大。分段结算，就是将一个单位工程按形象进度划分为几个阶段（部位），如基础、结构、装饰及竣工等，按照完成阶段，分段验收结算工程价款。分段结算也可按月预付工程款，注意，此时一定要扣除甲供材，即在月中按照当月施工计划工作量预付，于工程竣工验收后按工程承包合同价值扣除预付工程款后进行结算。竣工一次结算，开发项目工期在12个月之内或价值较小的，也可以采取每月月中支付，竣工后一次决算。

3. 工程分包条款

房地产开发企业的主体工程一般由具有资质的施工企业负责施工，除主体工程外，一般将电梯安装、门窗、防水、保温、外墙涂料及消防等工程分包给其他施工单位来完成，还有水、电、天然气、有线电视、热源及消防等各种配套，需要向政府或专业公司缴纳符合标准的资源性费用，具体工程施工一般也由各专业公司所属的工程队来完成。按照《营业税条例实施细则》和《增值税条例实施细则》的规定，如果分包人是销售自产货并提供建筑业劳务的单位和个人，可以分别就销售货物缴纳增值税，就建筑劳务缴纳营业税。合理地进行分包可以降低整体房地产项目的税负。

工程承包合同的一般流程，如表3-10。

表3-10 工程合同管理流程

工程合同管理流程		
编号：______________		编制日期：______________
第________次修改		修改日期：______________
相关部门	财务部	相关领导

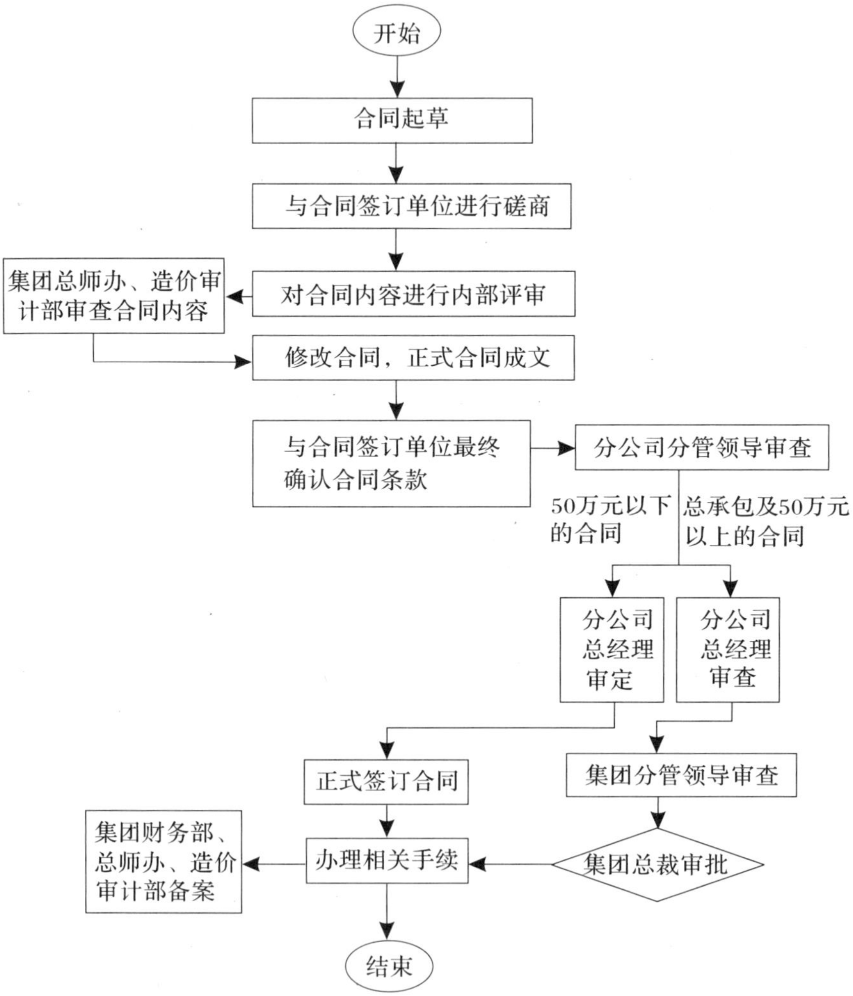

第4章

竣工销售环节的涉税处理

第一节　主要涉税风险点

房地产开发企业竣工销售阶段一般发生如下事项：开发产品达到交付条件—房地产企业向业主交付房产—结转销售收入和销售成本—与施工方进行竣工结算—确认竣工结算报告—向施工方支付工程结算价款。房地产开发企业在项目竣工销售环节，涉及的地方税种主要有：企业所得税、土地增值税、城镇土地使用税、房产税、印花税等税种。

一、完工条件的判断

《国家税务总局关于印发〈房地产开发经营业务企业所得税处理办法〉的通知》（国税发〔2009〕31号）第九条规定，企业销售未完工开发产品取得的收入，应先按预计计税毛利率分季（或月）计算出预计毛利额，计入当期应纳税所得额。开发产品完工后，企业应及时结算其计税成本并计算此前销售收入的实际毛利额，同时将其实际毛利额与其对应的预计毛利额之间的差额，计入当年度企业本项目与其他项目合并计算的应纳税所得额。因此，纳税人应注意开发产品是否符合完工条件，如达到完工条件，应及时结算其计税成本并计算此前销售收入的实际毛利额，年度企业所得税汇算清缴时，实际毛利额与其对应的预计毛利额之间的差额作纳税调整。

在国税发〔2009〕31号文件中规定了关于完工产品的确认的三个条件：①开发产品竣工证明材料已报房地产管理部门备案。②开发产品已开始投入使用。③开发产品已取得了初始产权证明。因此，完工条件的确认是采用竣工、使用、产权孰早的原则，开发产品只要符合上述条件之一的，就应进行完工时的税务处理。

《关于房地产开发企业开发产品完工条件确认问题的通知》（国税函〔2010〕201号）再次重申了这一问题。文件规定，房地产开发企业建造、开发的开发产品无论工程质量是否通过验收合格，或是否办理完工（竣工）备案手续以及会计决算手续，当其开发产品开始投入使用时均应视为已经完工。房地产开发企业应按规定及时结算开发产品计税成本并计算此前以预售方式销售开发产品所取得收入的实际毛利额，同时将开发产品实际毛利额与其对应的预计毛利额之间的差额，计入当年（完工年度）应纳税所得额。

国税发〔2009〕第31号文件规定，房地产企业开发产品完工时，在年度纳税申报时，企业须出具对该项开发产品实际毛利额与预计毛利额之间差异调整情况的报告以及税务机关需要的其他相关资料。例如差异调整的税务鉴证报告、开发项目的地理位置及概况、占地面积、开发用途、初始开发时间、完工时间、可售面积及已售面积、预售收入及其毛利额、实际销售收入及其毛利额、开发成本及其实际销售成本等。

二、土地增值税的清算条件

按照《土地增值税暂行条例》的规定，转让国有土地使用权、地上的建筑物及附着物，并取得收入的单位及个人，为土地增值税的纳税人。收入包括转让房地产的全部价款及有关的经济收益。单位是指各类企业单位、事业单位、国家机关和社会团体及其他组织。《土地增值税暂行条例实施细则》规定，纳税人在项目全部竣工结算前转让房地产取得的收入，由于涉及成本确定或其他原因，而无法计算土地增值税的，可以预征土地增值税，待该项目全部竣工、办理结算后再进行清算。

国税发〔2009〕91号文件规定，纳税人符合下列条件之一的，应进行土地增值税的清算。“（一）房地产开发项目全部竣工、完成销售的；（二）整体转让未竣工决算房地产开发项目的；（三）直接转让土地使用权的。”对符合以下条件之一的，主管税务机关可要求纳税人进行土地增值税清算。“（一）已竣工验收的房地产开发项目，已转让的房地产建筑面积占整个项目可售建筑面积的比例在85%以上，或该比例虽未超过85%，但剩余的可售建筑面积已经出租或自用的；（二）取得销售（预售）许可证满三年仍未销售完毕的；（三）纳税人申请注销税务登记但未办理土地增值税清算手续的；（四）省（自治区、直辖市、计划单列市）税务机关规定的其他情况。”对前款所列第（三）项情形，应在办理注销登记前进行土地增值税清算。

对符合以下条件之一的，主管税务机关可要求纳税人进行土地增值税清算。“（一）已竣工验收的房地产开发项目，已转让的房地产建筑面积占整个项目可售建筑面积的比例在85%以上，或该比例虽未超过85%，但剩余的可售建筑面积已经出租或自用的；（二）取得销售（预售）许可证满三年仍未销售完毕的；（三）纳税人申请注销税务登记但未办理土地增值税清算手续的；（四）省级税务机关规定的其他情况。”

三、土地增值额的计算

按照《土地增值税暂行条例实施细则》第八条规定，土地增值税以纳税人房地产成本核算的最基本的核算项目或核算对象为单位。纳税人成片受让土地使用权后，分期分批开发、转让房地产的，其扣除项目金额的确定，可按照转让土地使用权的面积占总面积的比例计算分摊，或按照建筑面积计算分摊，也可以按税务机关确认的其他方式计算分摊。土地增值税按照纳税人转让房地产所取得的增值额和规定的税率计算征收。增值额等于转让房地产所取得的收入减去扣除项目金额。

按照《土地增值税暂行条例》的规定，转让房地产所取得的收入，包括转让房地产的全部价款及有关的经济收益。包括货币收入、实物收入、其他收入、视同销售收入。企业将开发产品用于职工福利、奖励、对外投资、分配给股东或投资人、抵偿债务、换取其他单位和个人的非货币性资产等，发生所有权转移时应视同销售房地产。视同销售收入按下列方法和顺序确认：①按本企业在同一地区、同一年度销售的同类房地产的平均价格确定；②由主管税务机关参照当地当年、同类房地产的市场价格或评估价值确定。

计算增值额的扣除项目包括取得土地使用权所支付的金额；开发土地的成本费用；新建房及配套设施的成本费用，或者旧房及建筑物的评估价格；与转让房地产有关的税金；财政部规定的其他扣除项目。房地产开发企业在计算扣除项目金额时，其实际发生的支出应当取得但未取得合法凭据的不得扣除；扣除项目金额中所归集的各项成本和费用，必须是实际发生的（期间费用除外）；扣除项目金额应当准确地在各扣除项目中分别归集，不得混淆；扣除项目金额中所归集的各项成本和费用必须是在清算项目开发中直接发生的或应当分摊的；纳税人分期开发项目或者同时开发多个项目的，或者同一项目中建造不同类型房地产的，应按照受益对象，采用合理的分配方法，分摊共同的成本费用；对同一类事项，应当采取相同的会计政策或处理方法。会计核算与税务处理规定不一致的，以税务处理规定为准。

企业将开发的部分房地产转为企业自用或用于出租等商业用途时，如果产权未发生转移，不征收土地增值税，在税款清算时不列收入，不扣除相应的成本和费用。

四、纳税义务的转移

按照《国家税务总局关于房产税城镇土地使用税有关政策规定的通知》（国税发〔2003〕89号）的规定，购置新建商品房，自房屋交付使用之次月起计征房产税和城镇土地使用税。可见，房地产企业要将全部开发商品房交付之后，开发商品房占用土地的城镇土地税纳税义务才全部转移给购房人。在占用土地次月起至全部交付商品房当月期间，房地产开发企业对开发商品房占用土地均负有城镇土地使用税和房产税纳税义务。在开发产品全部交付给业主次月起，房地产企业就不存在开发商品房占用土地的城镇土地税和房产税纳税义务。

根据财税地〔1986〕8号规定，凡是在基建工地为基建工地服务的各种工棚、材料棚、休息棚和办公室、食堂、茶炉房、汽车房等临时性房屋，如果在基建工程结束以后，施工企业将这种临时性房屋交还或者估价转让给基建单位的，应当从基建单位接收的次月起，依照规定征收房产税。

五、预售行为税金的预缴

预售是房地产开发企业的一种重要经营方式。为了防止开发企业通过故意延缓收入实现的确认时间，随意确定成本对象或混淆成本界限等方式递延或逃避纳税义务，保证国家税收及时足额入库以及不同纳税人之间税负和纳税时间的公平，税法对房地产企业取得的预售收入的主要税种均作出了规定。

按照《营业税暂行条例》（国务院令第540号）规定，在中华人民共和国境内提供本条例规定的劳务、转让无形资产或者销售不动产的单位和个人，为营业税的纳税人，应当依照本条例缴纳营业税。房地产企业预售开发产品，属于销售不动产的行为，当然成为营业税纳税义务人。房地产开发企业销售不动产向购房者收取的定金、违约金、赔偿金、延期付款利息等价外费用，均应该按照规定缴纳营业税，自觉履行营业税纳税义务，否则存在涉税风险。《营业税暂行条例实施细则》第二十五条规定，纳税人转让土地使用权或者销售不动产，采取预收款方式的，其纳税义务发生时间为收到预收款的当天。

《土地增值税暂行条例实施细则》第十六条明确规定："纳税人在项目全部竣工结算前转让房地产取得的收入，由于涉及成本确定或其他原因，而无法据以计算土地增值税的，可以预征土地增值税，待该项目全部竣工、办理结算后再进行清算，多退少补。具体办法由各省、自治区、直辖市地方税务局根据当地情况制定。"

《国家税务总局关于房地产开发业务征收企业所得税问题》（国税发〔2009〕31号）第六条规定，企业通过正式签订《房地产销售合同》或《房地产预售合同》所取得的收入，应确认为销售收入的实现。因此，房地产企业通过签订《房地产预收合同》所取得的收入，从企业所得税的角度，不再存在"预收账款"的概念，只要签订了《销售合同》、《预售合同》并收取款项，不管产品是否完工，全部确认为收入，负有企业所得税纳税义务。国税发〔2009〕31号第九条规定，企业销售未完工开发产品取得的收入，应先按预计计税毛利率分季（或月）计算出预计毛利额，计入当期应纳税所得额。开发产品完工后，企业应及时结算其计税成本并计算此前销售收入的实际毛利额，同时将其实际毛利额与其对应的预计毛利额之间的差额，计入当年度企业本项目与其他项目合并计算的应纳税所得额。

预缴税款从性质上属于纳税人按照税务部门规定核定的应缴纳税款。首先，没有按照规定申报缴纳预缴税款，不认定为偷税行为。其次，税务部门发现纳税人没有按照规定申报缴纳预缴税款时，应该按照税法规定通知纳税人限期申报缴纳并可以按照规定加收滞纳金。如果纳税人在限期内仍不缴纳税款，税务部门可以根据《税收征管法》第六十八条规定处理：纳税人、扣缴义务人在规定期限内不缴或者少缴应纳或者应缴的税款，经税务机关责令限期缴纳，逾期仍未缴纳的，税务机关除依照本法第四十条的规定采取强制执行措施追缴其不缴或者少缴的税款外，可以处不缴或者少缴税款的50%以上至5倍以下的罚款。

第二节　业务流程与涉税风险控制

一、竣工销售阶段业务流程

房地产开发销售阶段的主要流程如表4-1所示：

表4-1　房地产销售流程

房地产销售流程		
编号：____________		编制日期：____________
第______次修改		修改日期：____________
相关部门	财务部	相关领导

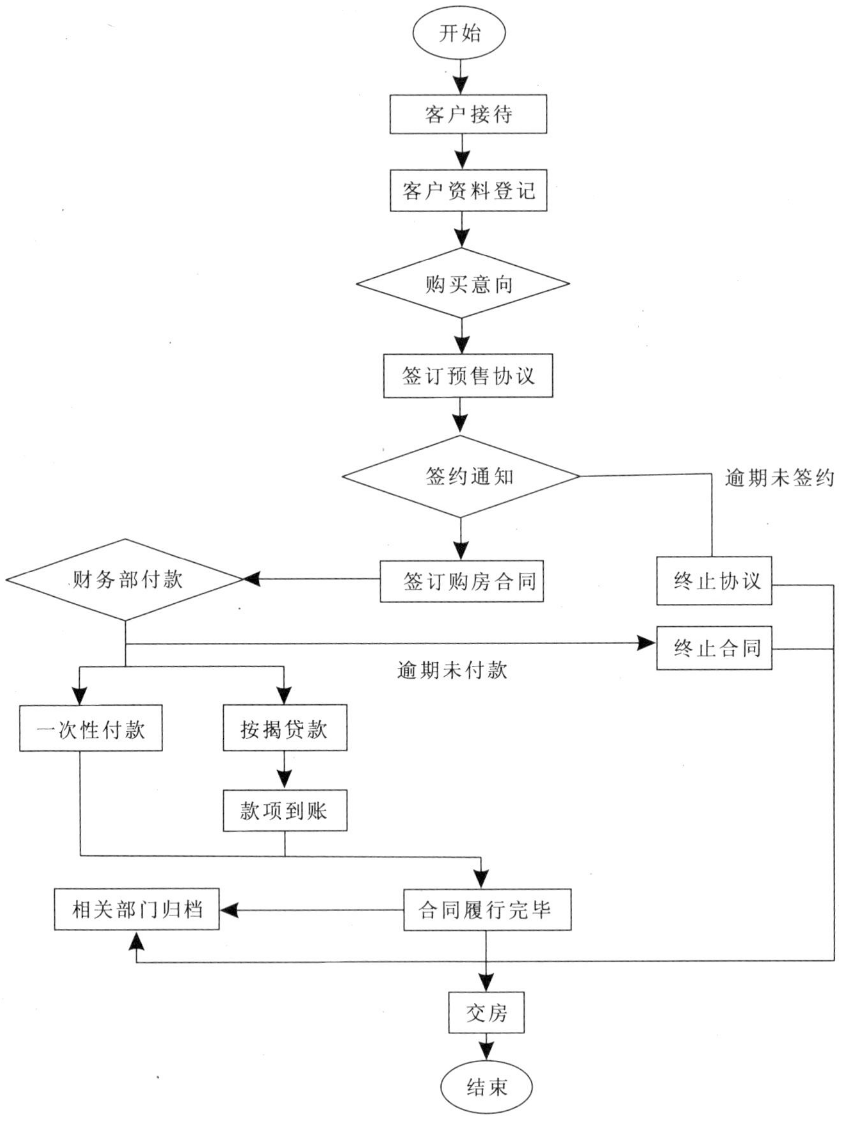

二、销售阶段涉税风险控制

（一）避免延迟确认收入的行为

《企业会计准则》“收入”规定，销售商品收入同时满足下列条件的，才能予以确认：“（一）企业已将商品所有权上的主要风险和报酬转移给购货方；（二）企业既没有保留通常与所有权相联系的继续管理权，也没有对已售出的商品实施有效控制；（三）收入的金额能够可靠地计量；（四）相关的经济利益很可能流入企业；（五）相关的已发生或将发生的成本能够可靠地计量。”通常房地产企业会计确认收入的条件是：“（一）办理了商品房实物移交手续；（二）取得了买方付款证明。”也就是说，房地产企业确认收入的时间一般是在交楼时。

但是，税法对房地产企业确认收入比会计规定要提前。国税发〔2009〕31号文第六条规定，企业通过正式签订《房地产销售合同》或《房地产预售合同》所取得的收入，应确认为销售收入的实现。国税发〔2009〕31号文件，将会计上的“预收账款”提前确认为收入。也就是说，从企业所得税的角度，不再存在“预收账款”的概念，只要签订了《房地产销售合同》、《房地产预售合同》并收取款项，税法不再考虑开发产品是否完工，一律确认为收入。这样一来，税法比会计确认收入的时间提前了。

因此，税务机关对房地产企业收入的检查重点是，“预收账款”有没有按税法的规定提前确认为收入缴税。收入交税的方式是：收入在完工前取得时，按预计毛利率征税；收入在完工后取得时，按实际的毛利率征税。

国税发〔2009〕31号文第十二条规定，企业发生的期间费用、已销开发产品计税成本、营业税金及附加、土地增值税准予当期按规定扣除。也就是说，房地产企业预售房按照预计毛利率计算的预计毛利额并入当年的应纳税所得额，期间费用以及与此有关的税金和附加统统允许在税前扣除。预售房收入可作为计算业务招待费和广告费支出的基数，但在会计处理时，将预售房收入转为销售收入的年度，不可以重复计算业务招待费和广告费支出的基数。

另外，这里要特别提醒房地产企业注意的是，国税发〔2009〕31号文第九条规定，企业销售未完工开发产品取得的收入，应先按预计计税毛利率分季（或月）计算出预计毛利额，计入当期应纳税所得额。开发产品完工后，企业应及时结算其计税成本并计算此前销售收入的实际毛利额，同时将其实际毛利额与其对应的预计毛利额之间的差额，计入当年度企业本项目与其他项目合并计算的应纳税所得额。“计入当期应纳税所得额”应理解为“实际征收”，不是预征税款的概念。不是预征税款就没有多退少补的过程，房地产企业不按税法的规定申报预收账款的收入就属于虚假申报，属于偷税行为。

（二）预收定金、订金等纳税义务的确定

所谓定金是指合同当事人为保证合同履行，由一方当事人预先向对方交纳一定数额的款项。定金以合同为前提，没有合同即不可定义为“定金”。依据《合同法》相关规定，一方违约时，双方有约定的按照约定执行；如果无约定，销售者违约时，按定金双倍返还；购买者违约时，定金不返还。定金的总额不得超过合同标的的20%，因此，定金具有担保性质。那么，定金是否要交营业税呢？

根据国税函发〔1995〕156号文件第十八条规定，《营业税暂行条例实施细则》第二十八条规定：“纳税人转让土地使用权或销售不动产，采用预收款方式的，其纳税义务发生时间为收到预收款的当天。”此项规定所称预收款，包括预收定金。因此，预收定金的营业税纳税义务发生时间为收到预收定金的当天。《营业税暂行条例》第十二条规定：营业税纳税义务发生时间为纳税人提供应税劳务、转让无形资产或者销售不动产并收讫营业收入款项或者取得索取营业收入款项凭据的当天。国务院财政、税务主管部门另有规定的，从其规定。也就是说，纳税人提供应税劳务、转让无形资产或者销售不动产发生后才能征营业税。《营业税暂行条例实施细则》第二十四条规定：条例第十二条所称收讫营业收入款项，是指纳税人应税行为发生过程中或者完成后收取的款项。条例第十二条所称取得索取营业收入款项凭据的当天，为书面合同确定的付款日期的当天。未签订书面合同或者书面合同未确定付款日期的，为应税行为完成的当天。

因此，一般情况下，对应税行为提供前收到的款项不能以收到款项的当天确认纳税义务发生时间。但是，《营业税暂行条例实施细则》第二十五条规定：纳税人转让土地使用权或者销售不动产，采取预收款方式的，其纳税义务发生时间为收到预收款的当天。因此，预收定金必须要交营业税。

订金并不是一个规范的概念，在法律上仅作为预付款的性质，是预付款的一部分，是当事人的一种支付手段，不具有担保性质，如果合同履行可抵充房款，不履行也不能适用“定金”双倍返还罚则。订金只是单方行为，不具有担保性质。订金、诚意金均不属于建立在购房合同上的预收款性质，在合同签订日之前，此时营业税应税行为尚未成立，不应作为预收账款征收销售不动产营业税和企业所得税，订金暂时可以记入其他应付款。但是，一签合同，订金（保证金、诚意金、VIP卡）马上要从其他应付款转到预收账款缴企业所得税和营业税。签了合同还把诚意金放在其他应付款是错误的，这也是税务机关检查的重点。

（三）真假银行按揭收入的确认

有一些房地产企业喜欢隐瞒银行按揭的收入，逃避纳税义务。按照国税发〔2009〕31号文规定，采取银行按揭方式销售开发产品的，应按销售合同或协议约定的价款确定收入额，其首付款应于实际收到日确认收入的实现，余款在银行按揭贷款办理转账之日确认收入的实现。

在房地产市场低迷的时候有可能出现“假按揭”。对于“假按揭”，税务机关一般只看形式，不考虑是否真假银行按揭。也就是说，只要有合同就一律征税。例如，某房地产开发公司因资金不足，而通过银行的融资渠道又很狭窄，故采取了假按揭的方式，即让该公司员工用自己或亲属的名字，签订个人预购商品房协议，该公司支付个人首付款后，收到银行给付的住房按揭款，账务处理是借：“银行存款”贷：“长期借款”（不是“预收账款”），在财务费用或者在建工程中列支个人按揭利息，另外，企业还代替个人还按揭款项，计入“其他应收款”科目。通常税务机关如果看到购房人员有本企业人员（在工资表中可以看到），并且内部人员买房不便宜，反而贵的时候，税务机关就会怀疑企业是不是有假按揭。如果税务机关认定企业确实属于假按揭，就会依预征率计提营业税和土地增值税，依计税毛利率计算企业所得税，并且不得在财务费用或者在建工程中列支个人按揭利息。

（四）代收款项的涉税风险控制

房地产企业销售商品房时，通常代有关部门向购房者收取煤气（天然气）集资费、暖气集资费、有线电视初装费、电话初装费、办证费（房屋交易手续费、产权登记费、他项权利登记费、权证工本费、契税、商品房购销合同印花税、房屋所有权证印花税、土地使用证印花税、住房维修基金）等。

按《企业会计准则》规定，企业代第三方收取的款项，应当作为负债处理，不应当确认为收入。而国税发〔2009〕31号文规定，开发产品销售收入的范围为销售开发产品过程中取得的全部价款，包括现金、现金等价物及其他经济利益。企业代有关部门、单位和企业收取的各种基金、费用和附加等，凡纳入开发产品价内或由企业开具发票的，应按规定全部确认为销售收入；未纳入开发产品价内并由企业之外的其他部门收取、单位开具发票的，可作为代收代缴款项进行管理。同时，国税发〔2009〕31 号文第十六条规定，企业将已计入销售收入的共用部位、共用设施设备维修基金按规定移交给有关部门、单位的，应于移交时扣除。这里体现了收支两条线的原则：不影响税款本身，只影响企业所得税款的利息。但是要注意的是，如果收了代收款项，等跨年度才支付的，要先征税，以后跨年度支付时作为费用扣除。当税法上将代收款作为收入处理时，上缴代收款作为费用处理，在纳税申报表上调整不调账。代收款作为收入，对企业所得税影响是暂时可转回的。

根据《营业税暂行条例》第五条的规定：纳税人的营业额为纳税人提供应税劳务，转让无形资产或者销售不动产向对方收取的全部价款和价外费用。《营业税暂行条例实施细则》第十三条的规定：条例第五条所称价外费用，包括手续费、补贴、基金、集资费、返还利润、奖励费、违约金、罚息、滞纳金、延期付款利息、赔偿金、代收款项、代垫款项以及其他各种性质的价外收费，但不包括同时符合以下条件代为收取的政府性基金和行政事业性收费：由国务院或者省级政府批准设立的政府性基金，由国务院或者省级政府及其财政、价格主管部门批准设立的行政事业性收费；收取时开具省级以上部门印制的财政票据；所收款项全额上缴财政。另外，国税发〔2004〕69号文件规定，专项维修基金，不计征营业税。综上所述，除了专项维修基金，原则上代收费用应当作为价外费用缴纳营业税，而不去区分是否开票或纳入房价内。

（五）租金收入的涉税风险控制

按照《国家税务总局关于贯彻落实企业所得税法若干税收问题的通知》（国税函〔2010〕79号）规定：根据条例第十九条的规定，企业提供固定资产、包装物或者其他有形资产的使用权取得的租金收入，应按交易合同或协议规定的承租人应付租金的日期确认收入的实现。其中，如果交易合同或协议中规定租赁期限跨年度，且租金提前一次性支付的，根据条例第九条规定的收入与费用配比原则，出租人可对上述已确认的收入，在租赁期内，分期均匀计入相关年度收入。也就是说，企业提前一次性收到租赁期跨年度的租金收入，既可以以按照合同或协议规定的应付租金日期确认收入，也可以在租赁期内，根据权责发生制原则，分期均匀计入相关年度收入。

《营业税暂行条例实施细则》第二十四条规定：条例第十二条所称取得索取营业收入款项凭据的当天，为书面合同确定的付款日期的当天。第二十五条规定，纳税人提供建筑业或者租赁业劳务，采取预收款方式的，其纳税义务发生时间为收到预收款的当天。从上面的规定可以看出，营业税实际上也是采取收付实现制。即书面合同规定的付款日期当天，预收款模式则是收到预收款当天。因此，全年一次收取了多年的租金应该全额缴纳营业税，不能分期缴纳。

同时，房产税按年征收、分期缴纳，这一规定只是适用于依照房产原值计算缴纳房产税的纳税人。房产出租的，应以房产税的租金收入为房产税的计税依据，而不能随意分解租金收入。纳税人出租、出借房产的，应自交付出租、出借房产之次月起计征房产税和城镇土地使用税。因此根据税法规定，纳税人出租房屋应以实际收取的租金收入作为房产税计税依据，应在出租房屋次月起以全额租金收入计征房产税。

（六）精装房所用家电、家具成本的扣除

《土地增值税暂行条例实施细则》（财法〔1995〕6号）第七条规定，开发土地和新建房及配套设施的成本，是指纳税人房地产开发项目实际发生的成本，包括土地征用及拆迁补偿费、前期工程费、建筑安装工程费、基础设施费、公共配套设施费、开发间接费用。但是，上述政策也为具体建筑安装工程费的核算内容。那么，精装房所用的家电、家具可否作为建筑安装工程费扣除呢？

《关于印发〈建筑安装工程费用项目组成〉的通知》（建标〔2003〕206号）规定，建筑安装工程费由直接费、间接费、利润和税金组成。

直接费由直接工程费和材料费组成。直接工程费：是指施工过程中耗费的构成工程实体的各项费用，包括人工费、材料费、施工机械使用费。材料费：是指施工过程中耗费的构成工程实体的原材料、辅助材料、构配件、零件、半成品的费用。根据建标〔2003〕206号规定，只有构成工程实体的材料费才构成建筑安装工程费的内容。而精装修所用家电、家具不构成工程实体，不符合土地增值税扣除项目的内容，因此不能作为成本项目扣除。房地产开发企业要注意此项成本扣除风险。

（七）个人所得税代扣代缴风险控制

根据购房合同，房地产企业延期交房需向购房人支付一定的违约金，该违约金是否需要缴纳个人所得税，支付违约金的房地产企业是否有代扣代缴的义务？根据《国家税务总局关于个人取得解除商品房买卖合同违约金征收个人所得税问题的批复》（国税函〔2006〕865号）的规定：商品房买卖过程中，有的房地产公司因未协调好与按揭银行的合作关系，造成购房人不能按合同约定办妥按揭贷款手续，从而无法缴纳后续房屋价款，致使房屋买卖合同难以继续履行，房地产公司因双方协商解除商品房买卖合同而向购房人支付违约金。购房个人因上述原因从房地产公司取得的违约金收入，应按照“其他所得”应税项目缴纳个人所得税。但是，个人在购房时由于房地产开发公司延期交房或因房屋质量问题而从房地产公司取得的违约金或赔偿金，不属于《个人所得税法》及国税函〔2006〕865号文件规定应纳个人所得税的情形，因此房地产开发企业不需要代扣代缴个人所得税。

房地产开发企业出于某些原因，无偿赠送给个人房屋，即便不签署赠与合同，受赠人也一样负有纳税义务。根据《财政部国家税务总局关于个人无偿受赠房屋有关个人所得税问题的通知》（财税〔2009〕78号）规定，以下情形的房屋产权无偿赠与，对当事双方不征收个人所得税：“（一）房屋产权所有人将房屋产权无偿赠与配偶、父母、子女、祖父母、外祖父母、孙子女、外孙子女、兄弟姐妹；（二）房屋产权所有人将房屋产权无偿赠与对其承担直接抚养或者赡养义务的抚养人或者赡养人；（三）房屋产权所有人死亡，依法取得房屋产权的法定继承人、遗嘱继承人或者受遗赠人。” 除上述规定情形以外，房屋产权所有人将房屋产权无偿赠与他人的，受赠人因无偿受赠房屋取得的受赠所得，按照“经国务院财政部门确定征税的其他所得”项目缴纳个人所得税，税率为20%。对受赠人无偿受赠房屋计征个人所得税时，其应纳税所得额为房地产赠与合同上标明的赠与房屋价值减除赠与过程中受赠人支付的相关税费后的余额。赠与合同标明的房屋价值明显低于市场价格或房地产赠与合同未标明赠与房屋价值的，税务机关可依据受赠房屋的市场评估价格或采取其他合理方式确定受赠人的应纳税所得额。根据《个人所得税法》（中华人民共和国主席令第48号）第八条个人所得税，以所得人为纳税义务人，以支付所得的单位或者个人为扣缴义务人。这时，房地产开发企业负有个人所得税代扣代缴义务，应当按照房地产赠与合同上标明的赠与房屋价值减除赠与过程中受赠人支付的相关税费后的余额，按照20%的税率代扣代缴个人所得税。赠与合同标明的房屋价值明显低于市场价格或房地产赠与合同未标明赠与房屋价值的，税务机关可依据受赠房屋的市场评估价格或采取其他合理方式确定受赠人的应纳税所得额。

（八）赠送礼品的涉税风险控制

房地产开发企业在促销等活动过程中，经常会赠送给业主、来宾礼品，所发放礼品是否需要纳税，是涉税风险控制的内容之一。财政部、国家税务总局下发《财政部国家税务总局关于企业促销展业赠送礼品有关个人所得税问题的通知》（财税〔2011〕50号）文件，对企业和单位（包括企业、事业单位、社会团体、个人独资企业、合伙企业和个体工商户等，以下简称企业）在营销活动中以折扣折让、赠品、抽奖等方式，向个人赠送现金、消费券、物品、服务等有关个人所得税问题进行了明确。

财税〔2011〕50号第一条规定："企业在销售商品（产品）和提供服务过程中向个人赠送礼品，属于下列情形之一的，不征收个人所得税：（一）企业通过价格折扣、折让方式向个人销售商品（产品）和提供服务；（二）企业在向个人销售商品（产品）和提供服务的同时给予赠品，如通信企业对个人购买手机赠话费、入网费，或者购话费赠手机等；（三）企业对累积消费达到一定额度的个人按消费积分反馈礼品。"可以看出，上述三种不征收个税的情形，其赠送礼品是基于销售或服务有关的，并非无偿的，也就是说，只有购买了企业的商品或提供的服务时才会获得相应物品或服务的赠送。这种礼品赠送本质上是有偿赠送。

财税〔2011〕50号第二条规定：企业向个人赠送礼品，属于下列情形之一的，取得该项所得的个人应依法缴纳个人所得税，税款由赠送礼品的企业代扣代缴："（一）企业在业务宣传、广告等活动中，随机向本单位以外的个人赠送礼品，对个人取得的礼品所得，按照'其他所得'项目，全额适用20%的税率缴纳个人所得税。（二）企业在年会、座谈会、庆典以及其他活动中向本单位以外的个人赠送礼品，对个人取得的礼品所得，按照'其他所得'项目，全额适用20%的税率缴纳个人所得税。（三）企业对累积消费达到一定额度的顾客，给予额外抽奖机会，个人的获奖所得，按照'偶然所得'项目，全额适用20%的税率缴纳个人所得税。"同样，我们可以看到，上述三种需要缴纳个人所得税的情形，其赠送为无偿的，也就是说，企业赠送礼品不是以客户购买了企业的商品或提供的服务为条件，客户个人不需要付出对价。

从财税〔2011〕50号规定的三种情形不征收个人所得税以及三种情形企业须代扣代缴个人所得税的情形可以看出，企业赠送的礼品如果直接和销售或提供服务有关的，则不征收个人所得税。而企业赠送的礼品与销售或提供服务没有直接性（相当于是无偿赠送），则需要代扣代缴个人所得税，如业务宣传、广告活动中赠送礼品给客户，与企业销售或提供服务没有直接相关性。

与销售或服务的赠送，相当于无偿赠送，需要征收流转税和企业所得税。例如，根据《增值税暂行条例实施细则》（财政部、国家税务总局令2008年第50号）第四条规定，　单位或者个体工商户将自产、委托加工或者购进的货物无偿赠送其他单位或者个人的行为，应视同销售货物。根据《关于企业处置资产所得税处理问题的通知》（国税函〔2008〕828号）第二条规定，企业将资产移送他人的下列情形，因资产所有权属已发生改变而不属于内部处置资产，应按规定视同销售确定收入。财税〔2011〕50号第三条规定，企业赠送的礼品是自产产品（服务）的，按该产品（服务）的市场销售价格确定个人的应税所得；是外购商品（服务）的，按该商品（服务）的实际购置价格确定个人的应税所得。

需要明确的是，企业用于交际应酬礼品支出费用并非不能享受企业所得税税前扣除。依据《企业所得税法实施条例》第四十三条的规定，企业发生的与生产经营活动有关的业务招待费支出，按照发生额的60％扣除，但最高不得超过当年销售（营业）收入的5‰。因此，企业外购礼品赠送给客户个人的行为，属于用于交际应酬需要视同销售计征企业所得税，同时按业务招待费的规定进行税前扣除。

第三节　涉税制度要点及案例点评

一、竣工销售阶段涉税制度的制定

销售是公司实现利润与经营目标的关键环节，因此，与产品销售有关的制度也是房地产开发企业最重要的管理制度之一。竣工销售阶段业务涉及的涉税制度或条款包括房地产销售收入、利润核算、税金预缴、销售奖励等。表4-2为某企业销售收入管理制度。

表4-2　××房地产公司销售收入管理制度

<table>
<tr><td rowspan="2">制度名称</td><td rowspan="2" colspan="3">××房地产公司销售收入管理制度</td><td>制度编号</td><td></td></tr>
<tr><td>受控状态</td><td></td></tr>
<tr><td>执行部门</td><td></td><td>监督部门</td><td></td><td>生效日期</td><td></td></tr>
<tr><td colspan="6">
第一章　销售定价
第一条　为了加强销售收入管理，确保开发产品销售收入的及时足额收回，减少坏账损失，积极维护企业利益，提高企业经济效益，以明确公司各有关部门在销售工作中的管理职责，规范销售行为，根据公司有关规定，特制定本规定。
第二条　定价原则：
开发项目采取市场导向的定价方式，应于项目销售之前确定。
第三条　成本限制：
由项目部（控股公司）组织财务部、研究发展部、工程预算部、审计监督部等相关部门进行项目综合开发成本的预测算，正常情况下，在没有公司发展战略的特殊要求且经总经理办公会批准的前提下，项目的整体销售均价不得低于综合开发成本。
第四条　销售价格方案：
1. 项目整体的销售价格方案由市场营销部负责组织制订，经总经理办公会讨论批准后执行。
2. 研究发展部同市场营销部应组织相关单位、部门和人员调查掌握开发项目所属市场区域同类产品的销售价格状况，并参考本项目的综合开发成本及营销策略提出项目总体销售价格方案（价格体系），该方案应包括如下内容：
（1）开发项目在销售过程中因价格调整或开放新房号需制定新价格表时，原则符合总经理办公会已批准的项目总体销售价格方案的，由市场营销部组织相关部门提交新价格表报公司总经理批准后执行；与总经理办公会批准的项目总体销售价格方案有出入的，须报总经理办公会讨论通过。
（2）开发项目的销售价格一经总经理办公会通过，须予严格执行；执行的责任部门为市场营销部和财务部。
</td></tr>
</table>

续表

第五条　折扣或优惠： 1. 开发项目的销售折扣，包括公开折扣和特殊折扣两种。 2. 公开折扣包括内部认购期的认购（证件）折扣、付款方式折扣和促销折扣三种，只要客户按照规定的时间和程序要求办理购房的必要手续，均可享受。 3. 公开折扣的具体规定及折扣幅度是项目整体销售价格方案的组成部分并应随之审批；项目销售期内需调整公开折扣内容及幅度的，由市场营销部提出具体方案，会签项目部及财务部并经公司总经理批准后执行。 4. 特殊折扣。 （1）特殊折扣仅适用于大量购买、大比例付款和特殊客户，且应严格遵守公司总经理办公会确定的折扣批准权限； （2）所有特殊折扣均应通过《特殊折扣审批表》的形式进行书面审批并备查。 5. 优惠和让利。 在开发项目楼盘的换签、入住、尾房销售等阶段需采取优惠或让利方式促销时，优惠或让利方式及幅度，由市场营销部提出具体方案，会签项目部及财务部并经公司总经理批准后执行。 **第二章　销售合同的签订与审批** **第六条**　销售代表应按照《签约须知》的规定，要求买受方出示或提交相关文件，签约人员应认真审查核对该等文件。 **第七条**　销售代表按公司规定协助买家签订销售合同。 **第八条**　销售部指定人员负责初审销售合同（附销售合同审批单）。 **第九条**　客户服务中心指定人员负责复审销售合同。 **第十条**　项目部授权代表终审销售合同后在合同文本上签字，并加盖销售合同专用章。销售合同专用章由项目部专人负责管理。用印同时应作好登记备案。 **第三章　销售收入的日常管理** **第十一条**　财务部负责销售收入的结算和跟踪管理，具体机构设置如下： 公司按项目设立项目财务部门，其财务负责人由公司本部派出，负责管理项目的会计核算和财务管理工作（包括销售收入的管理和核算，债权债务的记录和结算，登记客户台账、编制销售统计表等）。 **第十二条**　项目财务部于每月28日将下月按销售合同规定应支付房款的客户名单及客户应付金额一览表、提示付款通知单送交项目客户服务中心，同

续表

时将一览表抄报本部市场部和财务部，客户服务中心于每月5日前向客户发提示付款通知单。 　　**第十三条**　项目财务部每月10日前将上月逾期未交（应收未收）款项的客户名单及迟付金额清单、催收通知单送交客户服务中心，同时将清单抄报本部市场营销部、财务部、审计监督部，客户服务中心于每月15日前向客户发催收通知单。 　　**第十四条**　如果两次发催收通知后客户仍不付款，客户服务中心将客户有关资料移交审计监督部，启动法律程序，并继续向客户发催收通知单。 　　**第四章　销售收款的程序** 　　**第十五条**　引导客户到财务部交费时： 　　1. 会计对以下文件进行验证：客户身份证，验证客户身份，收款依据（含预订单、销售合同、收费通知单、售楼当日费用结算表等原始凭证）。 　　2. 会计建立或登记台账，新客户建立新台账，老客户登记原台账。 　　3. 会计开具销售发票，或在预订单上签字，发票／预订单上应注明客户姓名、楼号房号和付款方式，收支票的还需注明支票号码，填制记账凭证。 　　4. 项目财务经理审核记账凭证和原始凭证并签字。 　　5. 出纳依据经复核的记账凭证收款并登记银行、现金日记账。 　　**第十六条**　现场收款由出纳人员和会计配合完成，并由项目财务经理复核。要坚持审核程序前置，开票与收款分离的原则，收款工作与开票工作不能由一人完成。 　　**第十七条**　销售合同签署后，财务部要及时登记客户台账，包括客户的购房款、印花税、契税等代收代付款项。 　　**第十八条**　关于土地转让收入（土地转让合同）、租房款（租赁合同）、物业管理费（物业管理合同）收款可参照执行。 　　**第五章　关于按揭款** 　　**第十九条**　财务部负责按揭银行的选择，签订按揭合作协议，保持与按揭银行的联系畅通。 　　**第二十条**　每月1日项目财务部将上月按揭回款情况一览表送交按揭主管，双方核对银行按揭回款情况。（参见按揭回款一览表） 　　**第二十一条**　在公司提供阶段性担保期间，当财务部收到按揭银行通知，客户未按期归还按揭款，财务部代客户向银行支付按揭还款，2天内通知按揭主管，按揭主管在接到通知后5天内向客户发催收通知单，督促客户将所欠按揭款归还我公司。连续两次催收后客户仍未还款，按揭主管将客户有关资料移交审计监督部，启动法律程序，并继续向客户发催收通知单。

续表

第六章　销售退款的程序 **第二十二条**　在销售过程中，如遇客户要求退房，首先需经过审批程序。具体执行程序如下： 1. 签署《预订单》但未签署《商品房买卖合同》的：由销售中心负责主办，程序如下： （1）仅购买购房卡的：先由客户提出书面申请，经销售中心审批和财务部审核后，在销售中心办理退房款手续。 （2）支付了定金的：由客户提出书面申请，经销售中心审批和财务部审核，并由项目部审批后，在销售中心办理退房款手续。 2. 签署《商品房买卖合同》但未进行预售登记的：由销售中心负责主办，程序如下： 首先由客户提出书面申请，经销售中心、财务部、项目部审批，报主管、副总经理审批签字后，在销售中心办理退房款手续。 3. 签署《商品房买卖合同》并已进行了预售登记的：由客户服务中心负责主办，程序如下： 先由客户提出书面申请，客户服务中心、财务部和项目部审批，报主管、副总经理审批签字后，在客户服务中心办理退房款手续。 **第二十三条**　客户退房款的审批应包含以下附件： 1. 客户要求退房的书面申请，包括已交房款的流转说明及本人身份证（开户用）。 2. 主办部门填制的客户退房款审批单。 3. 终止购房合同协议书（草案）。 4. 原签署的《商品房买卖合同》及补充协议、发票（收据）。 **第七章　销售退房付款程序** **第二十四条**　在办理销售退房付款时（仅适用于签署《商品房买卖合同》、进行了合同预售登记的客户且退房审批已获通过）分为一次性付款、工程期付款方式和商业贷款、公积金、组合贷款付款方式两种分别处理。 **第二十五条**　客户原采用一次性付款、工程期付款方式时：客服人员应与客户签署《终止购房合同协议书》，并同时收回客户《商品房买卖合同》正本；客服人员将收集完整的4本买卖合同（包括财务部留存的合同在内），交由登记人员进行合同注销登记；登记人员应在《终止购房合同协议书》约定的时间内完成合同注销登记。 **第二十六条**　客服人员通知财务人员可以退款时，将客户身份证原件、合同变更审批单、客户退房申请及《终止购房合同协议书》、合同付款审批

续表

单、发票（或收据）提交财务部。

第二十七条　财务部按如下程序退款：

1. 会计对以下文件进行验证：

（1）客户身份证；

（2）付款依据（合同变更审批单、客户退房申请及《终止购房合同协议书》、合同付款审批单、发票）；

（3）确认合同已经注销；

（4）核对台账、明细账与客户退房手续的描述相一致。

2. 会计收回发票，登记台账。

3. 会计填制支出凭单、填制记账凭证。

4. 财务经理审核以上记账凭证和原始凭证并在支出凭单上签字后。

5. 出纳根据审核后的记账凭证和原始凭证，分如下情况办理：

（1）退客户现金的（原收到现金），出纳于一周内以客户身份证开立存折，按照确认后金额将款项转入客户存折；

（2）退客户支票的（原收到支票），出纳开出支票。

6. 出纳告知该客户的销售代表通知客户前来办理退款手续。

7. 客户办理退款手续时，须由销售代表或客服人员陪同客户办理结算，财务人员不得单独接待客户。

8. 客户到财务部领取存折（或支票），出纳应将存折（或支票）退还客户本人，由客户在支出凭单上签字的同时出具收款收据，留身份证复印件；由出纳登记银行、现金日记账。

第二十八条　客户原采用商业贷款、公积金、组合贷款付款方式时，客服人员持客户退房申请、合同变更审批单、《终止购房合同协议书》、合同付款审批单、发票/收据到财务部办理退款。

第二十九条　财务部按《终止购房合同协议书》、合同变更审批单、合同付款审批单的约定代客户提前偿还贷款本息余额；财务人员收回原收押于银行的《商品房买卖合同》；将包括留存于本部门在内的2本买卖合同退交客服人员。

第三十条　客服人员收集完整的4本买卖合同后，交由登记人员进行合同注销登记；登记人员在《终止购房合同协议书》约定的时间内完成合同注销登记。

第三十一条　客服人员通知财务人员可以退款时，并将客户身份证原件、合同变更审批单、客户退房申请及《终止购房合同协议书》、合同付款审批单、发票（或收据）提交财务部。

续表

第三十二条　财务部按如下程序办理退款： 1. 会计对以下文件进行验证： （1）客户身份证； （2）付款依据（合同变更审批单、客户退房申请及《终止购房合同协议书》、合同付款审批单、发票）； （3）确认合同已经注销； （4）核对台账、明细账与客户退房手续的描述相一致。 2. 会计收回发票，计算应退房款（定金+首付款+银行贷款——代客户支付的贷款本金和利息），登记台账。 3. 会计填制支出凭单、填制记账凭证。 4. 财务经理审核以上记账凭证和原始凭证并在支出凭单上签字。 5. 出纳根据审核后的记账凭证和原始凭证，分如下情况办理： （1）退客户现金的（原收到现金），出纳于一周内以客户身份证开立存折，按照确认后金额将款项转入客户存折； （2）退客户支票的（原收到支票），出纳开出支票。 6. 出纳告知该客户的销售代表通知客户前来办理退款手续。 7. 客户办理退款手续时，须由销售代表或客服人员陪同客户办理结算，财务人员不得单独接待客户。 8. 客户到财务部领取存折（或支票）时，出纳验证客户身份，应将存折（或支票）退还客户本人，由客户在支出凭单上签字的同时出具收款收据（含定金、首付款和按揭款），留身份证复印件，由出纳登记银行、现金日记账。 **第八章　例外事项的特殊处理程序** **第三十三条**　客户因特殊原因不能直接到现场办理付款手续的，公司将在约定时间内上门服务，不允许客户授权他人办理退房手续。 **第三十四条**　若客户将销售发票／预订单或购房合同遗失的，客户应先到公司财务办理挂失手续，并在相关媒体刊登遗失声明，并向公司留存身份证复印件，90天后方可继续启动相关退款程序。 **第三十五条**　对客户因发票／预订单遗失的，会计将该客户姓名、房号记入“发票遗失名单”，以便事后随时查验；若合同正本遗失的，会计还需取得由客服中心签署意见的有关资料。 **第九章　换房的程序** **第三十六条**　在销售过程中，如果客户要求换房，按不同情况分别进行如下审批程序： 1. 签署《预订单》但未签署《商品房买卖合同》的：由销售中心负责主

续表

办，程序如下： 客户提出书面申请→销售中心审批→销售中心办理相关手续。 2. 签署《商品房买卖合同》但未进行预售登记的：由销售中心负责主办，程序如下： 客户提出书面申请→销售中心审批→财务部审批→项目部审批→销售中心办理相关手续。 3. 签署《商品房买卖合同》并已进行了预售登记的：由客户服务中心负责主办，程序如下： 客户提出书面申请→销售中心确认→客户服务中心审批→财务部审批→项目部审批→客户服务中心办理合同解除、合同注销相关手续。 **第三十七条**　客户换房的审批应包含以下附件： 1. 客户要求换房的书面申请，包括已交房款的流转说明及本人身份证复印件。 2. 主办部门填制的客户合同变更申请表。 3. 换房协议书（交房地局办理合同注销之用）。 4. 原签署的《商品房买卖合同》及补充协议、发票（收据）。 **第十章　换房付款程序** **第三十八条**　在换房审批程序履行完毕后，由销售中心（客户服务中心）与客户签署新换入房屋的《商品房买卖合同》；已进行预售登记的，与客户签署《退房协议书》，连同收集完整的4份原《商品房买卖合同》退还房地局办理注销登记（仅限于一次性／工程期付款方式，不适于贷款付款方式）。 **第三十九条**　客户服务人员持退房协议书、新的《商品房买卖合同》、《合同付款审批单》、原始发票带客户到财务部办理换房手续；财务部只接待由客服人员或销售人员引领的客户。 **第四十条**　财务部按一次性／工程期付款方式和商业贷款／公积金／组合贷款付款方式不同情况分别办理换房手续。 **第四十一条**　如客户原来选择一次性/工程期付款方式，且已足额支付了房款。 1. 会计对以下文件进行验证： （1）客户身份证； （2）收款依据（包括退房协议书、《合同付款审批单》、原始发票、新的《商品房买卖合同》）； （3）确认原合同已经注销；

续表

（4）核对台账、明细账与客户换房手续的描述相一致。

2. 会计收回原发票，登记退房台账，建立新台账。

3. 会计按原购房金额填制支出凭单、按新商品房买卖合同金额开具换入后房屋的发票（收据），填制记账凭证。

4. 财务经理审核记账凭证和原始凭证并签字确认。

5. 出纳根据上述凭证收取房屋差价。

第四十二条 如客户原来选择商业贷款／公积金／组合贷款付款方式，且已足额支付了房款：

1. 会计对以下文件进行验证：

（1）客户身份证；

（2）收款依据（退房协议书、《合同付款审批单》、原始发票、新的《商品房买卖合同》）；

（3）核对台账、明细账与客户换房手续的描述相一致。

2. 会计收回原房屋的发票，登记退房台账，按原购房金额填制支出凭单。

3. 陪同客户到银行，代客户还清银行贷款本金和利息，收回原收押于银行的《商品房买卖合同》。

4. 登记新换入房屋台账，按新商品房买卖合同金额开具换入后房屋定金和首付款的发票（收据）并填制记账凭证。

5. 财务经理审核上述记账凭证和原始凭证并签字确认。

6. 出纳根据上述凭证收取房屋差价，即应收房款和应退房款的差额多退少补，计算过程如下：

应收房款：定金+新首付款

应退房款：定金+原首付款+按揭款——代客户归还的贷款本金利息

第四十三条 客服人员填制变更手续费收费通知单与退房协议书一起交财务部，作为财务部收费依据，变更手续费于客户办理换房补差价时向客户收取。

第四十四条 财务部将收回的原《商品房买卖合同》，交客服中心进行合同注销登记，并通知销售人员配合客户办理新换入房的贷款手续。

第十一章 例外事项的特殊处理程序

第四十五条 客户因特殊原因不能直接到现场办理付款手续的，公司将在约定时间内上门服务，不允许客户授权他人办理退房手续。

第四十六条 若客户将销售发票／预订单或购房合同遗失的，客户应先到公司财务办理挂失手续，并在相关媒体刊登遗失声明，并向公司留存身份证

续表

复印件，90天后方可继续启动相关退款程序。 **第四十七条**　对客户因发票/预订单遗失的，会计将该客户姓名、房号记入“发票遗失名单”，以便事后随时查验；若合同正本遗失的，会计还需取得由客服中心签署意见的有关资料。 **第十二章　其他事项** **第四十八条**　项目财务部应按月核对客户台账和明细账，保证账账相符。 **第四十九条**　每月1日项目财务部将上月销售统计表送交本部财务部、市场营销部、项目总经理、主管副总、财务总监和总经理。（参见销售统计表） **第五十条**　本规定自颁布之日起执行。					
编制日期		审核日期		批准日期	
修改标记		修改处数		修改日期	

在销售业务核算制度中，要避免违反《企业会计准则》和税法的有关要求，比如没有规定对预售收入进行正确的核算，将预售收入记入“其他应付款”贷方，在纳税时也未按照税法文件的规定将预售收入乘以15%利润率计算出预计营业利润额，并入当期应纳税所得额统一计算缴纳所得税；没有规定正确的预收款核算方法，把预收购房款变为购房订金，或者垫付款项，不确认预售收入；在核算制度中，混淆预售收入与销售收入的概念，不能准确确定预售收入转销售收入的时机，故意拖延纳税的目的。再比如没有规定销售收入入账时间，导致企业销售收入确认不及时，甚至隐瞒收入，收入计算不准确　。

基础核算资料管理条款不完善，比如无法提供房地产销售面积情况。尽管销售面积不属于企业纳税申报中必须填写的内容，但该数据却能直接及时反映出企业销售的进度，为初步估算销售收入实现的状况提供依据。所以企业如实提供实际销售面积是规避纳税风险的重要手段。

纳税环节和程序的条款缺失，比如近几年房地产开发企业经济效益较好，企业职工收入可观，特别是中层以上人员收入更高，个别企业以应支付职工奖金的多少确定不同的价格由个人进行销售，其差额作为收入的发放，但是未对销售方式必要纳税环节和程序进行规定，可能导致企业少缴营业税、所得税、个人所得税等。

企业涉及的一些特殊业务要在制度中作出规定。比如不少开发商在售房后，以各种理由收取水、电、燃气、外装修等代办费，没有在企业内部制度中作出科学规定，在往来账款科目按代收代付核算，导致将其并入营业收入申报纳税。为客户提供的额外服务，如防盗门、封闭阳台等相关收入委托物管部门结算且长期挂账，企业就合同房款作收入，形成账外循环。

二、竣工销售阶段典型业务流程

在竣工销售阶段，企业建立规范的收入核算制度，健全企业的基础管理流程，及时确认收入和收集涉税资料，是降低税务风险的重要保障。表4-3至表4-6是房地产开发企业在销售过程中主要的几项涉税业务流程。

表4-3　收款业务流程及控制要求

承办部门	开票员	财务部门			
		出纳	制单	稽核员	记账

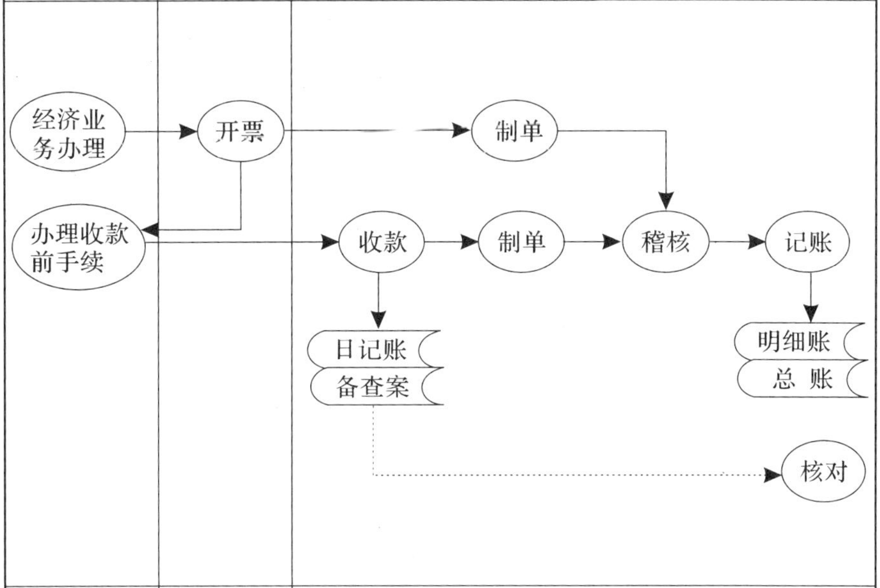

业务操作	操作人	控制要求
1. 经济业务办理	业务承办人	（1）按公司的业务操作规程业务进行商洽、签订合同等。 （2）按公司授权，由被授权人批准交易价格、折扣方式及比例等。 （3）与财务部门商定或根据财务部门规定确定结算方式和付款期。 （4）开具业务凭单如发货单等并送交发票员开票。
2.开具发票	开票员	（1）按公司规定领用、保管发票和收据。 （2）开具规范，填写内容完整，内容真实。 （3）发票开具后，由另一人审核。 （4）下班前汇总、打印收据、发票开具清单，并附记账联报送销售会计。 （5）发票联、税务抵扣联移送业务承办人，并办理签收手续。

续表

业务操作	操作人	控制要求
3. 办理收款前手续	业务承办人	（1）催收应收款项。 （2）通知交款人付款。 ①告知交款人到财务部门交款。 ②受理结算票据或告知交款人到银行进账。 ③辨别真假。 （3）登记结算票据受理登记簿，向财务部门移交结算票据并办理移交手续。
收款	出纳	（1）接受业务承办人移交的结算票据。 （2）对受理的结算票据难辨其真伪时，及时送交银行鉴别。 （3）登记结算登记簿，妥善保管结算票据。 （4）办理银行票据结算或贴现手续。 （5）验证收取现金并送交银行。 （6）将收款通知单送交制单员，告知相关部门。 （7）编制收款周报表，分送相关部门。 （8）收款后在收款凭证及附件上盖上“收讫”章。
制单	制单员	（1）对发票、收据进行审核，审核其完整性。 （2）对发票、收据的记账联及时进行账务处理。 （3）对收款通知单进行审核并及时进行账务处理。 ①审核收款日期与合同是否相符。 ②审核收款金额发票或应收款余额是否相符。 ③审核金额流向与收款单位是否吻合。 ④审核合同与发票单位是否一致。 （4）审核收款方式是否合适。 （5）审核折扣审批者是否超过其权限。
稽核	稽核员	（1）复核制单员的账务处理是否正确。 （2）对制单员复核的内容再复核。 （3）抽查核实收款凭证与对账单等是否相符。
记账		会计电算系统在凭证稽核后自动记账
核对	主管会计	（1）总账与现金、银行存款账核对。 （2）总账与明细账核对。 （3）编制银行存款调节表，对未达账核实，并督促经办人在10天内处理完毕。 （4）与银行定期核对余额和发生额。 （5）每月不定期对现金抽点两次。

表4-4　销售合同签订流程

销售合同签订流程		
编号：________		编制日期：________
第______次修改		修改日期：________
相关部门	项目公司销售部	相关领导

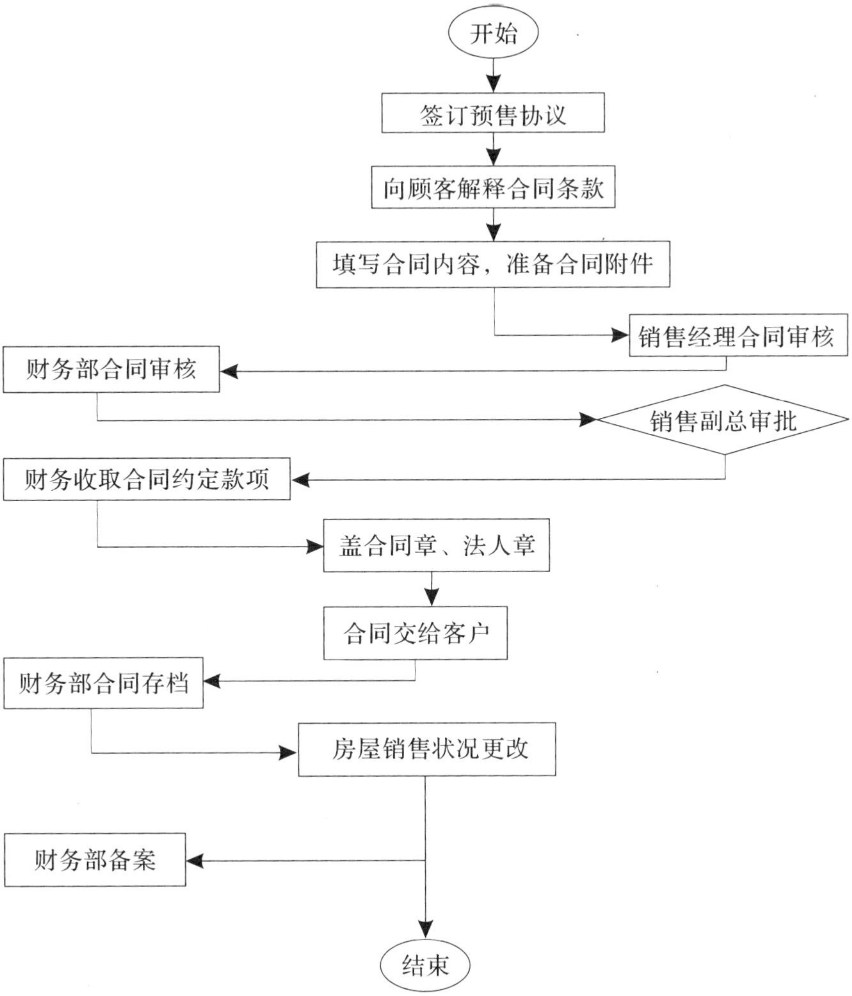

表4-5 销售优惠管理流程

销售优惠管理流程		
编号：________		编制日期：________
第______次修改		修改日期：________
相关部门	项目公司销售部	相关领导

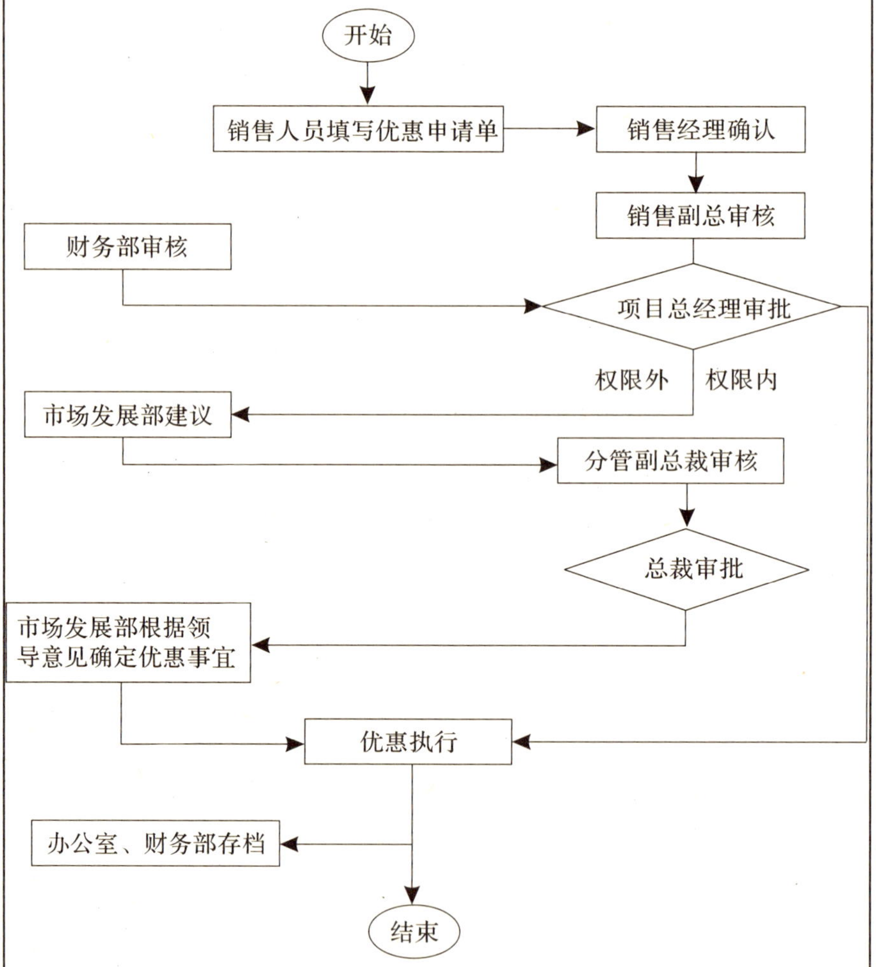

表4-6　销售资料管理流程

销售资料管理流程		
编号：______________		编制日期：______________
第________次修改		修改日期：______________
相关部门	项目公司销售部	相关领导

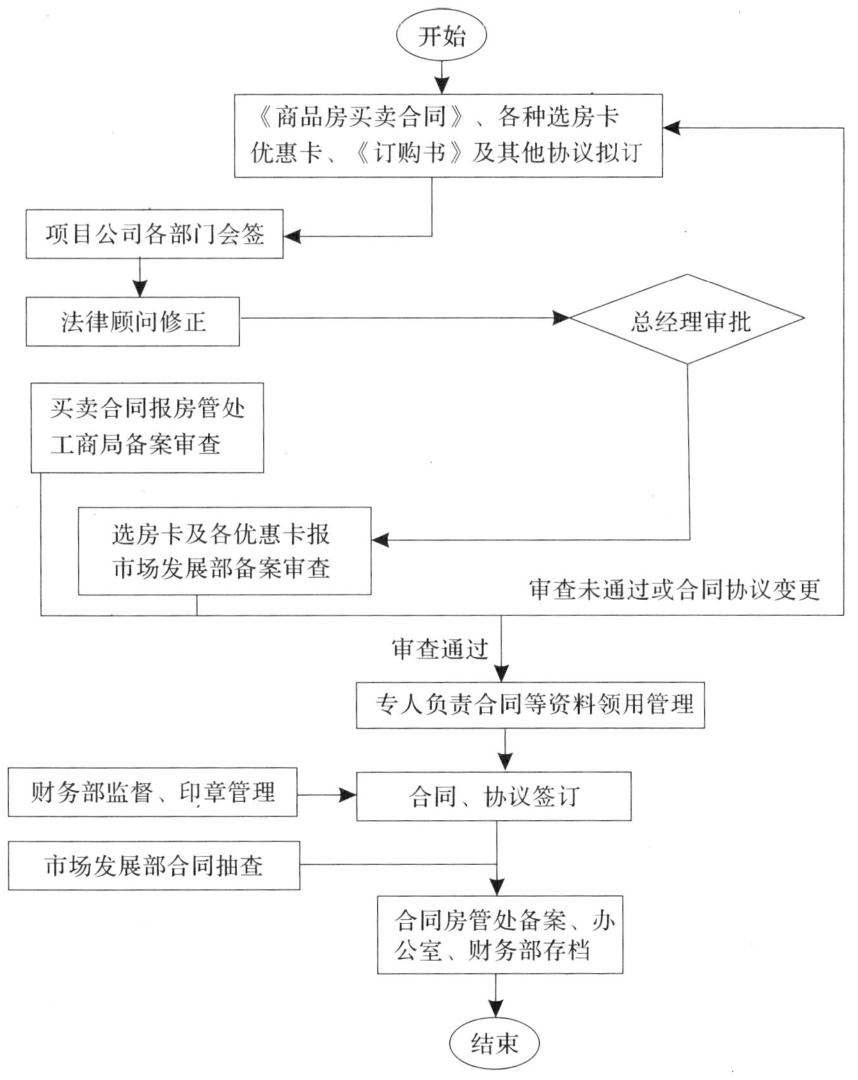

第四节 涉税合同条款及案例点评

竣工建设阶段涉及的合同主要有商品房预售合同、预订合同（或认购书）、房地产代理销售合同、商品房买卖合同等。本节以买卖合同为例对涉税条款进行分析和点评。

一、房地产买卖合同条款审核

从纳税管理的角度来说，房地产开发企业买卖合同也是作为一种重要的辅助凭证存在的。一般地讲，进行涉税条款审核并不需要对合同的所有内容进行分析，而只需关注其中与税收相关的条款即可。

（一）合同的标的金额

从财务核算角度看，合同标的金额就应当是将来应计入收入的金额，所以，该金额对于财务核算及涉税事项意义重大，应是纳税审核所应关注的首要因素。从理论上说，合同标的金额应与最终的收取金额完全一致，但由于合同执行过程中各种特殊情况的出现，一般会有一个比较合理的差额，所以，最终确定的金额应以实际收到的金额（企业开出发票金额）为准。

（二）合同约定的付款方式

从税法角度看，付款方式可以确认收入的时间。按照国家税务总局《房地产开发经营业务企业所得税处理办法》（国税发〔2009〕31号）规定，对企业收入的确认基本是按照双方的付款方式来进行规定的。比如："①采取一次性全额收款方式销售开发产品时于实际收讫价款或取得索取价款凭据（权利）之日确认收入的实现；②采取分期收款方式销售开发产品时按销售合同或协议约定的价款和付款日确认收入的实现，提前付款的，在实际付款日确认收入的实现；③采取银行按揭方式销售开发产品时按销售合同或协议约定的价款确定收入额，其首付款于实际收到日确认收入的实现，余款在银行按揭贷款办理转账之日确认收入的实现；等等。企业确认收入的时间有很大区别，这既体现了税法对于合同的认可和尊重，从另一角度讲，合同也是税法确认收入的合理依据。

（三）相关的约定事项

房地产销售合同中对特定事项的约定也会影响纳税义务。房地产开发企业的经营范围和经营目的，使得房地产开发企业对外销售开发产品有两种方式，即开发产品的出售和出租。房地产开发企业的开发经营特点，决定了其出租房、周转房、商品房三者之间用途不稳定的特点。房地产开发企业可根据自身的生产经营情况，资金状况以及市场销售情况等，来具体决定开发产品的用途。比如房地产开发企业的经营者，经过市场调查和市场预测，认为目前房屋的销售市场看好，可以设法将出租房变为商品房对外进行出售；相反，如果房屋的销售市场疲软，但租房风盛行，则可以将商品房变为出租房对外进行出租。房地产开发企业的周转房也是如此。当商品房暂未出售之前，可临时用于安置动迁户，待动迁户安置完毕之后，再将空出的周转房作为出租房或商品房用于对外出租或出售。合同中不同的约定，纳税义务将会有所不同。

（四）签约的时间

在特定的情况下，合同的签署时间有可能直接影响税款的计算，这主要涉及一些减免税政策的实施和截止时间。比如《关于调整房地产交易环节契税个人所得税优惠政策的通知》（财税〔2010〕94号）规定，对个人购买普通住房，且该住房属于家庭（成员范围包括购房人、配偶以及未成年子女）唯一住房的，减半征收契税。对个人购买90平方米及以下普通住房，且该住房属于家庭唯一住房的，减按1%税率征收契税。房地产买卖合同的签署时间，可以决定其是否可以享受这项政策。在确定可以享受优惠政策的前提下，商品房销售合同的签署时间将成为一个划分是否可以减免税的实质性界限。也就是说，签署于2010年10月1日前后的合同收入，在纳税问题上将出现两种截然不同的结果。

二、房地产买卖合同案例点评

（一）案例资料

某房地产公司开发的甲楼盘于2009年竣工，公司已就之前的收入足额纳税。2010年发生如下业务，财务人员对如何确定缴纳营业税产生了疑问：

（1）收取甲楼盘尾房预收定金100万元（房款总价500万元），但未签订《商品房销售合同》，房地产公司是在收取定金时缴纳营业税还是在签订《商品房销售合同》或收取全部价款时缴纳营业税?

（2）若正式签订总价500万元的商品房销售合同，只收到部分购房款100万元，应收购房款400万元，是否按合同价500万元计算缴纳营业税?

（二）案例分析

对于房地产公司销售商品房预先收取订金的纳税处理，即如甲楼盘尾房预收定金100万元（房款总价500万元），但未签订正式商品房销售合同的情形，《营业税暂行条例实施细则》第二十五条规定，纳税人转让土地使用权或者销售不动产，采取预收款方式的，其纳税义务发生时间为收到预收款的当天。据此，即便该业务未签订正式《商品房销售合同》，只要收到了预收款，就应当缴纳营业税。另外，国家税务总局《关于印发〈营业税问题解答（之一）的通知〉》（国税函发〔1995〕156号）规定，纳税人转让土地使用权或销售不动产，采用预收款方式的，其纳税义务发生时间为收到预收款的当天。此项法规所称预收款，包括预收定金。因此，预收定金的营业税纳税义务发生时间为收到预收定金的当天。该公司销售开发产品收取预收定金即属于这种情况，收取定金时应缴纳营业税5万元（100×5%）。

对于房地产公司与业主签订《商品房销售合同》后该如何确定营业税纳税义务发生时间，应当看双方合同的具体约定，而非该企业所认为的签订合同就要纳税。

对于第二个问题，《营业税暂行条例实施细则》第二十四条规定，《营业税暂行条例》第十二条所称取得索取营业收入款项凭据的当天，为书面合同确定的付款日期的当天；未签订书面合同或者书面合同未确定付款日期的，为应税行为完成的当天。

房地产公司应就收到的100万元缴纳营业税，对于未收的房款400万元，如果合同明确规定了分期付款日期，在合同约定的付款日期前，如果没有收到房款，则不应缴纳营业税；合同约定付款时间到后，即便企业实际仍未收到房款，一样具备纳税义务。实务中，分期付款的客户由于资金困境不能按约定时间付款是常有的情形，对于此类型的应收未收款，也要及时纳税。另外，若合同没有明确规定具体的付款时间，则在房产权利实际转移的当天确定纳税义务发生时间。房产权利实际转移可以以房屋实际交付入住时间来确定。可见，合同如何签订决定了营业税的纳税时间。

第5章

物业管理环节涉税处理

第一节　物业管理及其主要涉税风险点

一、物业管理及其收入

“物业”一词由英语“Estate”或“Property”引译而来，其含义为“财产”、“资产”、“拥有物”、“房地产”等，是一个较为广义的范畴。而现实生活中，我们所称的“物业”是一种狭义的范畴。从物业管理的角度来说，物业是指已建成投入使用的各类建筑物，及其相关的设备、设施和场地。根据使用功能的不同，物业可以分为以下四类：①居住物业，包括住宅小区、单体住宅楼、公寓、别墅、度假村等；②商业物业，包括综合楼、写字楼、商业中心、酒店、商业场所等；③工业物业。包括工业厂房、仓库等；④其他用途物业。包括车站、机场、医院、学校等。

商业物业与居住物业是日常税务检查工作中检查最多的两个物业类型，在此对商业物业和居住物业进行对比，如表5-1。

表5–1　商业物业与居住物业对比

	商业物业	居住物业
特点	1. 需要良好的商业氛围 2. 追求设施的先进性 3. 有很高的租赁比例 4. 以出租为主的商业物业价值不能库存	1. 使用价值的长期性 2. 寿命的差异性 3. 居住性 4. 舒适性 5. 安全性 6. 耐久性
分类	1. 办公物业 2. 酒店物业 3. 商贸物业 4. 娱乐休闲物业	1. 普通住宅 2. 花园洋房 3. 公寓 4. 别墅
管理模式	1. 自建自营 2. 自营与专业物业管理相结合 3 .委托经营	以委托经营为主
管理内容	1. 制订管理计划 2. 签订物业管理委托合同，启动物业管理工作 3. 制定租金收取办法 4. 协调与业主和承租人的关系	1. 企业组织的构建与管理目标、方针策略的制定 2. 管理项目的接管与前期管理 3. 物业管理的各项日常管理 4. 投诉、纠纷与紧急事故的处理 5. 考核、评估与质量管理 6. 协助政府进行社区管理，推进全社会的文明和进步

根据物业管理企业的经营特点，物业管理企业的收入也可以分为主营业务收入和其他业务收入。

主营业务收入主要包括为物业管理收入、物业经营收入和物业大修收入等。物业管理收入是指企业向物业产权人、使用人收取的公共性服务费收入、公众代办性服务费收入和特约服务收入。物业经营收入是指企业经营业主管理委员会或物业产权人、使用人提供的房屋建筑物和公共设施取得的收入，如房屋出租收入和经营停车场、游泳池、各类球场等公用设施收入。物业大修收入是指企业接受业主委员会或者物业产权人、使用人的委托对房屋共用部位、共用设施设备进行大修取得的收入。

其他业务收入主要包括中介代销手续费收入、材料物资销售收入、废品回收收入、商业用房经营收入及无形资产转让收入等。房屋中介代销手续费收入是指物业管理企业受房地产开发商的委托，对其开发的房屋从事代理销售活动而取得的代销手续费。材料物资销售收入是指物业管理企业将不需用的材料物资对外销售所取得的收入。商业用房经营收入是指物业管理企业利用业主委员会或者物业产权人、使用人提供的商业用房，从事经营活动所取得的收入。如开办商店、饮食店、美容美发、彩扩中心、歌舞厅等为物业产权人、使用人提供方便取得的经营收入。无形资产转让收入既有所有权转让，也有使用权转让，均作为其他业务收入处理。

二、物业管理业务涉税风险点

目前物业管理企业所涉及的税费有十余种，其中主要税种有营业税、企业所得税、个人所得税。

（一）营业税

根据《国家税务总局关于物业管理企业的代收费用有关营业税问题的通知》（国税发〔1998〕217号）的规定，物业管理企业代有关部门收取水费、电费、燃（煤）气费、维修基金、房租的行为，属于营业税“服务业”税目中的“代理”业务，因此，对物业管理企业代有关部门收取的水费、电费、燃（煤）气费、维修基金、房租不计征营业税，对其从事此项代理业务取得的手续费收入应当征收营业税。其中，维修基金，是指物业管理企业根据财政部《物业管理企业财务管理规定》

（财基字〔1998〕7号）的规定，接受业主管理委员会或物业产权人、使用人委托代管的房屋共用部位维修基金和共用设施设备维修基金。

《国家税务总局关于住房专项维修基金征免营业税问题的通知》（国税发〔2004〕69号）规定，住房专项维修基金是属全体业主共同所有的一项代管基金，专项用于物业保修期满后物业共用部位、共用设施设备的维修和更新、改造。鉴于住房专项维修基金所有权及使用的特殊性，对房地产主管部门或其指定机构、公积金管理中心、开发企业以及物业管理单位代收的住房专项维修基金，不计征营业税。但是国税发〔2004〕69号文件规定的“住房专项维修基金不计征营业税”是指对住房专项维修基金在收取环节不征收营业税；但在该基金使用环节发生的应税行为，应按营业税暂行条例及实施细则的规定，区分不同税目税率分别征收营业税。

违约金是合同一方当事人不履行合同或者履行合同不符合约定时，对另一方当事人支付的用于赔偿损失的金额。财税〔2003〕16号文件规定：单位和个人提供应税劳务、转让无形资产和销售不动产时，因受让方违约而从受让方取得的赔偿金收入，应并入营业额中征收营业税。物业公司收取业主的装修保证金，如果到期退还给业主及租住户的，不征收营业税；如果到期不退还或作为业主装修违规行为予以没收的，属于物业管理公司管理性收入之外的价外费用收入，均应并入该物业公司营业额，征收5%的营业税。

代办性质的收入比如代办购物手续费、代办收费取得的收入（如为房屋业主代收代缴水、电、煤气、电话费等各项业务而收取的手续费）均属物业公司提供代办服务而取得的服务性收入，按5%征收营业税。

物业公司下属的中介咨询机构的咨询劳务收入、物业公司兼营的餐饮服务收入属于服务业收入，按5%征收营业税。物业公司举办的娱乐业务场所的收入，属于娱乐业收入按5%~20%税率征收营业税。物业公司下属的独立核算的商店销售货物取得的收入，属于增值税征收范围，征收增值税。值得注意的是，当物业公司兼有不同税目应税行为时，按照《营业税暂行条例》第三条的规定，应分别核算不同税目的营业额，未分别核算的，从高适用税率。

（二）企业所得税

根据《企业所得税法实施条例》（国务院令第512号）的规定，企业所得税的征税对象是以物业管理以及代理所取得的收入和其他所得，税率为25%，符合小型微利企业条件的物业公司，减按20%的税率征收企业所得税。物业管理公司收取的金额中包含有两个部分：一部分是为有关部门代理收取的水费、电费、房租等；另一部分是手续费收入。物业管理公司应就其代收水电费、房租取得的手续费收入缴纳企业所得税，而代收费用不应作为公司的收入缴纳企业所得税。物业管理公司向房屋业主收取的房屋共用部分维修基金以及向房屋开发商在交付房产管理权时收取的房屋共用部分维修基金，因属专款专用、专户存储，基金的所有权属房屋业主管理委员会或物业产权人、使用人，物业管理公司仅是代管使用，据实列支，因此也不作为企业的收入，不记入企业损益，不缴纳企业所得税。

（三）个人所得税

物业管理公司个人所得税主要涉及工资薪金所得和劳务所得，尤其是应注意物业管理企业将临时工劳务所得代扣代缴个人所得税问题。

（四）其他税费

根据《房产税暂行条例》（国发〔1986〕90号）的规定，房产税是在城市、县城、建制镇、工矿区范围内，对拥有房屋产权的内资单位和个人，按照房产原值或租金收入征收的一种税。房产税以房产原值（评估值）减除30%的余值为计税依据，税率为1.2%。如果企业拥有房产产权，需缴纳房产税，如果企业拥有土地使用权，还需缴纳城镇土地使用税。

如果拥有汽车、自行车等机动车、非机动车交通工具的内资单位和个人还需缴纳相应的车船税。 其他税种印花税、契税等也在应税内，在此不再赘述。

第二节　物业管理业务涉税风险控制

一、物业管理业务纳税常见问题

（一）未按规定确定营业收入

全部或部分营业收入、应税代收款项计入“预收账款”、“应付账款”、“其他应付款”、“长期应付款”、“应收账款”、“其他应收款”往来科目，不结转“营业收入”，少缴营业税，少缴企业所得税。

（二）收入直接冲减支出抵减收入

物业管理公司取得应税收入全部或部分冲减有关成本、费用、支出类科目，少缴营业税和企业所得税。

（三）价外费用未作为营业税计税依据

物业管理公司向其他公司收取的手续费、基金、集资费、代收款项、代垫款项及其他各种性质的价外收费，不作为计税依据申报缴纳营业税。

（四）暂收款项未申报缴纳营业税

物业管理公司暂收其他单位的款项，如物业产权人、使用人入住时或入住后准备装修时，企业向其收取的可能因装修而发生的损毁修复、安全等方面的保证金，不计入“营业收入”，少缴营业税。

（五）房屋销售收入未缴营业税

房地产开发公司下属物业部自行进行物业管理，或房地产开发公司开发完毕后翻牌成立物业管理公司，销售房屋时，不按规定缴纳营业税。

（六）劳务报酬不申报纳税或按工资薪金申报纳税

未签订劳务合同的临时工作人员的劳务报酬，为物业管理公司提供非有形商品推销、代理等服务活动取得的佣金，物业管理公司以工资、薪金形式代扣代缴个人所得税，而不是按劳务报酬的税率代扣代缴税款。

（七）不全额申报纳税

按月发放的工资、补助、奖金、过节费等不是全部并入工资、薪金缴纳个人所得税，而是计入“其他应付款”等往来科目，少缴纳个人所得税。

（八）重复列支成本、费用

在成本、费用中预提某项尚未发生的支出，当某项支出发生时又列入成本、费用科目，造成重复列支，少缴企业所得税。

（九）没有足额缴纳房产税

企业拥有已竣工的房产产权，未记入固定资产账户，未按规定缴纳房产税；企业拥有未竣工但已达到使用状态的房产产权，并已开始投入使用，未按规定缴纳房产税。

（十）没有履行代扣代缴义务

企业代理业主经营出租业务，代收租金，未按规定代扣代缴房产税、营业税、印花税等相关税金。

二、物业管理涉税风险控制方法

物业管理企业可以通过建立纳税评估指标体系，评价和控制企业纳税风险。

物业公司的涉税业务管理渗透到企业管理的方方面面。物业管理服务有别于社会公共服务和个体服务，是一种同时带有社区公共服务和个体服务特征的群体性服务，企业从事生产经营活动，从提供服务、支付人员工资，到对房屋、公共设施设备维修保养、物料消耗、清洁保洁、环境维护、绿化养护等一系列的成本支出，以及按劳取酬收取的物业服务费，每项业务的开展都直接或间接地影响到企业资金的收入与支出，都会直接或间接涉及纳税问题，从而影响整个企业的经济效益。由此可见，物业公司涉税管理涉及的面相当广泛，企业经营活动的各个方面基本上都有纳税问题的存在。这就要求作为物业管理公司的涉税业务管理工作，要兼顾到企业的各个部门、各个项目，必须从总体上合理规划和协调。

二、涉税制度范本及点评

表5-2　× × 物业管理公司财务管理办法

<table>
<tr><td rowspan="2">制度名称</td><td colspan="3" rowspan="2">× × 物业管理公司财务管理办法</td><td>制度编号</td><td></td></tr>
<tr><td>受控状态</td><td></td></tr>
<tr><td>执行部门</td><td></td><td>监督部门</td><td></td><td>生效日期</td><td></td></tr>
<tr><td colspan="6">
为进一步规范会计核算，根据《× × × × 集团财务管理制度》，结合物业行业核算特点，制定本办法。
第一章　经营收入核算管理规定
第一条　经营收入的范围。
经营收入是指企业从事物业管理和其他经营活动所取得各项收入，包括主营业务收入和其他业务收入。
1. 主营业务收入是指企业在从事物业管理活动中，为物业产权人、使用人提供维修、管理和服务所取得的收入，包括物业管理收入、物业经营收入和物业大修收入。
（1）物业管理收入是指企业向物业产权人、使用人收取的公共性服务收入、公众× × 性服务收入和特约服务收入。企业收取使用权房（如老公房）
</td></tr>
</table>

续表

的租金也计入物业管理收入，并设置明细科目核算。 （2）物业经营收入是指企业除物业管理及服务以外的其他经营性收入。如企业经营自己拥有产权的房屋建筑物和共用设施取得的收入、前期费收入等 （3）物业大修收入是指企业接受业主管理委员会或者物业产权人、使用人的委托，对房屋共用部位、共用设施设备进行大修取得的收入。 2. 其他业务收入是指企业从事主营业务以外的其他经营活动所取得的收入，包括企业代为经营业主委员会或者物业产权人、使用人提供的房屋建筑物和共用设施取得的收入，如代为房屋出租取得的收入；代为经营停车场、游泳池、各类球场等共用设施取得的收入；还包括房屋中介代理收入、材料物资销售收入、废品回收收入、商业经营收入及无形资产转让收入等。 商业用房经营收入是指企业利用业主管理委员会或者物业产权人、使用人提供的商业用房，从事经营活动取得的收入，如开办健身房、歌舞厅、美容美发屋、商店、饮食店等经营收入。 **第二条** 经营收入的确认及其时间。 1. 企业应当在劳务已经提供，同时收讫价款或取得收取价款的凭据时确认为经营收入的实现。当年度经营收入必须计入当年度损益，不得提前或延后。 2. 物业大修收入应当在业主管理委员会或者物业产权人、使用人签证认可后，确认为营业收入的实现。企业与业主委员会或者物业产权人、使用人双方签订付款合同或协议的，可根据合同或者协议所规定的付款日期或者在收到合同规定的价款之日确认营业收入的实现。 **第三条** 经营收入会计科目处理。 1. 因物业管理、物业经营、物业大修等业务取得的经营收入计入“主营业务收入”科目。其他如材料物资销售等属于其他业务收入范围的收入计入“其他业务收入”科目。以上科目必须按收入类别和项目管理处分别设置并进行明细核算。 2. 企业利用业主委员会的场地收取停车使用费，所取得的收入计入“其他应付款——×××场地停车费代收”科目贷方，并全额计提和交纳营业税及附加税费。根据物业管理服务协议支付业主委员会收益或各种应承担的管理费用（按协议规定列支）时，计入“其他应付款——×××场地停车费代收”科目借方；物业公司自身获得的收益，即“其他应付款——×××场地停车费代收”科目的贷方余额，借记并转入“其他业务收入”。各企业可根据实际情况按项目管理处和费用类别设置明细账进行核算。

续表

第二章　成本费用核算管理规定

第四条　成本核算方法。

成本核算应遵循收入成本配比原则，按照物业管理、物业经营、物业大修等不同业务项目分别归集各自成本费用，成本核算方法一旦确定，至少在一个会计年度内不得任意改变。

第五条　成本划分原则。

为了正确核算成本，须分清以下成本费用界限。

1. 生产经营成本和非生产经营成本的界限：

只有正常的生产经营活动消耗才能计入生产经营成本。生产经营成本主要包括：直接从事物业管理等经营活动的人员工资、奖金和按规定比例提取的福利费、工会经费、教育经费；房屋共用部位、共用设施设备维修及保养费；房屋共用部位、共用设施设备耗用的水电费；直接从事物业管理等经营活动人员的劳动保护费；绿化费、保洁费、保安费；直接用于物业管理等经营活动的固定资产折旧费；等等。非生产经营活动消耗，如投资活动、筹资活动；非正常损失消耗，如灾害盗窃损失、违约金、滞纳金等赔偿支出、资产减值损失等，均不能计入生产经营成本。

2. 生产经营成本与期间费用的界限：

凡与企业直接生产经营活动无关的经营管理性支出均计入期间费用。如为组织管理企业而发生的行政性管理支出等。

3. 不同会计期间的成本费用界限：

根据“权责发生制”原则确定当期的成本费用，正确核算“待摊费用”和“预提费用”。会计期末未经主管税务机关认可的“待摊费用”及“预提费用”，均应计入当年度损益。

4. 不同核算单位的费用界限：

根据管理需要，按照管理处核算成本费用。管理处发生的成本费用，直接计入该管理处成本。

第六条　成本核算及科目设置。

1. 按不同管理处设置“主营业务成本”明细账，计算并归集主营业务成本。

2. 主营业务成本下按物业管理过程中不同的核算对象，设置“物业管理成本”、“物业经营成本”、“物业大修成本”，并在明细科目下按成本类别设置三级明细科目。

3. 物业管理成本的核算：

（1）自营方式管理成本的核算。采用自营方式进行物业管理服务的，可

续表

将发生的各项直接费用按成本类别计入“主营业务成本—物业管理成本”。 （2）出包方式管理成本的核算。对部分采取出包方式进行的公共性服务，如绿化、保洁等，一般按照签订的承包合同付款，成本即为合同的结算款，并按成本类别计入“主营业务成本—物业管理成本”。 4. 物业经营成本的核算： 物业管理企业经营由业主委员会或物业产权人、使用人提供的房屋、建筑物和共用设施等物业应付给物业产权人、使用人的租赁费、承包费等计入“主营业务成本—物业经营成本”。直接为以上经营项目发生的人工工资、奖金和按规定比例提取的福利费、工会经费、教育经费、劳动保护费；材料费、水电费等也计入“主营业务成本—物业经营成本”。 5. 物业大修成本的核算。 物业大修成本是指物业管理企业承接的房屋共用部位、共用设施设备大修、更新改造任务实际发生的工程支出。 6. 其他业务支出的核算： 其他业务支出是指企业从事其他经营活动所发生的有关成本和费用支出。企业支付的商业用房有偿使用费，计入其他业务支出。 7. 期间费用的核算： 企业筹建期间所发生的开办费，在企业尚未实现收入之前计入“长期待摊费用”，不计入当期损益。在实现收入后，开办费一次计入当期损益。属于筹建期以后至企业实现收入前发生的期间费用，直接计入当期损益；企业实现收入以后，即正常经营期间发生的期间费用，直接计入当期损益。 期间费用核算的科目设置按照《××××集团财务管理制度》的规定执行。办公费、通信费、业务招待费、业务宣传费、差旅费统一在期间费用下按照部门类别进行核算。 **第三章　物业工程的核算** **第七条**　物业工程的内容。 物业工程，是指物业管理企业承接的房屋共同部位、共同设施设备大修、更新改造及由业主委员会或者物业产权人、使用人提供的管理用房、商业用房进行装饰装修等工程。物业工程按其实施方式的不同一般分为两种：自营方式，指物业管理企业自行组织施工；出包方式，指物业管理企业委托外单位承包工程。 **第八条**　物业工程的核算。 应在“在建工程”科目下设置明细科目“物业工程”，用于归集物业工程所发生的各项支出。该科目借方登记物业工程发生的各项支出；贷方登记已

续表

完物业工程成本的结转数；科目借方余额，反映在建工程的实际成本。本科目应按工程项目类别设置明细账进行核算。 1. 自营工程的核算。 企业自行组织施工时，本科目借方核算物业工程施工中发生各项费用，包括人工费、材料费、工程物资、机械使用费等。上述费用在发生时确定由某个工程项目负担,则直接计入该项目成本；若涉及多个工程项目，应增设相应科目归集有关费用支出，再按一定标准分配计入各有关项目。 2. 出包工程的核算。 委托外单位承包工程时，将支付给承包单位的工程价款，计入“在建工程—物业工程—××工程”科目，贷记“银行存款”等科目。 3. 工程完工交付使用的核算。 （1）企业承接的房屋共同部位、共同设施设备大修、更新改造工程完工交付使用时，其工程决算价款，须经业主委员会或物业产权人、使用人签证认可。若该工程价款由维修基金列支，则根据分摊表进行转账结算；若该工程不由维修基金列支，则根据物业产权人、使用人的签证进行价款结算。 （2）工程完工交付使用的会计科目处理：借记“银行存款”或“长期应付款—代管基金”科目，贷记“主营业务收入—物业大修收入”科目；同时结转已完物业工程成本，借记“主营业务成本—物业大修成本”，贷记“在建工程—物业工程—××工程”科目。 **第四章　维修基金的核算** **第九条**　科目设置。 应在“专项应付款”下设置明细科目“代管基金”，用于核算企业接受委托管理的房屋共用部位、共用设施设备维修基金。 **第十条**　维修基金的核算。 1. 收到维修基金的核算。 收到维修基金时，借记“银行存款”科目，贷记“专项应付款—代管基金—本金”。 2. 维修基金利息核算。 企业收到银行计息通知单，属于代管基金存款的利息收入，借记“银行存款”科目，贷记“专项应付款—代管基金—利息收入”。 3. 维修基金收益核算。 物业企业有偿使用产权属全体业主共有的商业用房和共用设施设备，应支付的有关费用，如租赁费、承包费、有偿使用费等，作为维修基金的收益，计入“专项应付款—代管基金”的贷方。

续表

<table>
<tr><td colspan="6">4. 维修基金使用核算。
由本企业承接房屋共用部位、共用设施设备进行大修、更新、改造任务的项目，实际发生的工程支出，通过“物业工程”科目核算，核算方法同第四章。
由外单位承接大修任务的，工程完工后，经业主委员会或者物业产权人、使用人签证认可后与承接单位进行结算，并根据维修基金分摊表进行分配转账，借记“专项应付款—代管基金”，贷记“银行存款”等科目。
第五章　代收款项的核算
企业应在“其他应付款”科目下设置明细科目“代收款项”，用于核算企业代收代付款项，如代收的电表初装费、有线电视初装费等。企业受物业产权人委托代为收取的房租等，也在本科目核算。
本科目应按代收代交费用种类设置明细并按往来单位进行核算。
第六章　附　则
本办法未尽事宜，按照《××××集团财务管理制度》执行。</td></tr>
<tr><td>编制日期</td><td></td><td>审核日期</td><td></td><td>批准日期</td><td></td></tr>
<tr><td>修改标记</td><td></td><td>修改处数</td><td></td><td>修改日期</td><td></td></tr>
</table>

物业公司根据国家统一规定，结合本身的经营特点和内部管理要求，制定规范企业内部财务活动的《财务管理制度》。同时，还要不断细化完善这项制度，配以与财务管理有关的分支管理办法，如《收费员管理办法》、《预售电费系统工作规则》、《空置房、报停房管理办法》、《兼职收费员管理办法》、《物资采购管理办法》等等；并对小区台账、上交的各种财务资料进行日常核对；对小区的收入进行定期、不定期地检查监督。因此，物业管理企业只有建立一套科学、完整、规范的内部财务管理制度，才能充分落实好理财自主权，形成一系列适应物业公司财务核算和财务管理要求的财务管理体系和自我约束机制，才能规范企业的财务行为，提高企业的纳税管理水平，促进物业管理企业的健康有序发展。

真实、准确、先进、及时、完整的财务信息系统既是企业财务管理的基础，也是规范纳税管理的关键。物业公司财务信息系统包括的内容有：①原始记录的管理。要统一规范各种原始记录的格式、内容和方法；要明确签署、传递、汇集、反馈、保管原始记录的要求；要建立各环节的责任制，确保原始记录的真实、完整、正确、及时，健全财务核算资料。②物资采购、入库、领用、维修等各环节控制。完善计量验收管理工作，堵塞漏洞，及时盘点历清盈亏。③财务预算管理。物业管理公司应当建立健全财务预算制度，明确财务预算编制程序及方法，做好财务预算执行情况的检查、考核工作，达到通过财务预算控制经营活动、确保各项经营目标顺利实现的目的。④财产清查管理。定期做好财产清查工作，加强财产管理。

表5-3为一家物业公司的财务管理制度，其中的会计核算制度、发票管理、费用管理、税务管理、合同管理等，都体现了对涉税业务的管理要求。

表5-3　××物业管理公司财务管理制度

<table>
<tr><td rowspan="2">制度名称</td><td rowspan="2" colspan="3">××物业管理公司财务管理制度</td><td>制度编号</td><td></td></tr>
<tr><td>受控状态</td><td></td></tr>
<tr><td>执行部门</td><td></td><td>监督部门</td><td></td><td>生效日期</td><td></td></tr>
<tr><td colspan="6">第一章　概　述
第二章　财务系统组织框架图
第三章　财务岗位职责
第一节　财务部长岗位职责
第二条　主管会计岗位职责
第三条　其他岗位人员职责
第四章　财务管理制度
第一节　财务管理制度总则
第二节　财务管理制度实施细则
（一）会计核算制度
（二）预算管理
（三）资金管理
（四）采购、存货管理
（五）资产管理
（六）合同管理
（七）发票管理
（八）应收款项管理
（九）费用管理
（十）税务管理
（十一）财务报表管理
（十二）财务分析
第五章　档案管理制度
（具体内容略）</td></tr>
<tr><td>编制日期</td><td></td><td>审核日期</td><td></td><td>批准日期</td><td></td></tr>
<tr><td>修改标记</td><td></td><td>修改处数</td><td></td><td>修改日期</td><td></td></tr>
</table>

第四节　涉税合同条款及案例点评

物业公司典型涉税合同包括商业用房委托投资经营合同、商业用房销售协议、酒店委托经营管理合同、写字楼租赁合同、商铺租赁合同涉税条款分析等。此处以写字楼租赁合同为例，在房屋进行租赁时，应关注以下条款：

（1）出租方出租房屋的合法性，例如产权证明（或经营权证明），出租许可证明，出租方的营业执照和法人或法人授权证明。如系转租，出租方应提供其租赁合同和权利人同意转租的书面证明。

（2）租金、物业费、水电等相关费用的支付标准及付款方式，应在合同中明确承租房屋所产生的所有费用，并确定承担方。

（3）写字楼报价常常以“元 / 平方米・日”为单位的，由于写字楼往往是一个大产证，没有进行产权分割，租户租赁的面积是可以与出租方进行协商的，必须按照实际租赁的面积来计算租金。

（4）应当事先明确物业管理费用、内容以及支付方式。物业管理费是除租金之外最重要的一项费用，一座写字楼办公环境、服务品质的好坏，与物业管理公司的管理水平直接相关，而各个物业管理公司的收费往往有高有低。另外，还需要明确物业管理费所包含的服务内容，一般情况下，包含公共部位和外墙的保洁、公共设施（如电梯）维护保修、公共部位水和电、工作时间的中央空调费、保安管理费等。

（5）注意约定免租期。交付的写字楼一般是毛坯，也有一些会有简单装修，但绝大多数租户会重新装修，出租方往往会给租户一个免租期，作为租户的装修时间。但是这只是实践中的通常做法，并非出租方的法定义务，是否有免租期及免租期的长短由双方自行约定，只有写入合同才能得到法律的保护。物业公司要关注免租期税务规定。

（6）合同应明确出租人是否提供车位供租户使用，是否收费。

（7）租赁税费的承担应约定清楚，合同中的租金价格是否含税。值得注意的是，纳税主体的纳税义务不随合同约定而转移。也就是说，民事主体之间可以约定税款承担，但是不得改变税务机关对纳税主体的确认。因此，税款承担的约定对合同双方以外的税务局不产生法律效力，只产生民法上债的效力。

（8）违约条款的约定。违约条款一般双方都会作出简单的约定，但是由于现实中各种情形千变万化，针对不同的合同需要有不同的违约条款，由于缺乏专业律师应对各种情况的经验，合同双方自行制作的合同难免会挂一漏万。如果仅仅是简单的约定出现何种情况赔偿违约金多少钱，一旦发生纠纷，会面临违约金被法院调整的风险。最好的方法是双方约定损失的计算方法，如果处理得当，发生纠纷，对守约方会比较有利。

（9）双方争议的解决方式，包括诉讼和仲裁，两者各有优势，可根据不同情况约定。

按照我国税法规定，任何部门、单位和个人作出的与税收法律、行政法规相抵触的决定一律无效；纳税人签订的合同、协议与税收法律、行政法规相抵触的，也一律无效。因此，纳税人应该懂得并非合同双方所商定的一切条款都能获得法律上的保障，都是合法有效的，当合同双方所协商达成的内容与法律、法规的相关规定相抵触时，法律往往会认定其合同内容无效。

第6章

涉税制度范本与合同条款范例

第一节　企业涉税制度范本

本节列举一般房地产开发企业涉税制度范本，主要包括“公司税务管理制度”（见表6-1）、“财务管理审批权限及业务流程”（见表6-2）、“差旅费用管理办法”（见表6-3）、“经济合同管理制度”（见表6-4）、“薪酬福利制度”（见表6-5）、“印章（鉴）管理办法”（见表6-6）、“考勤制度”（见表6-7）、“财产管理制度”（见表6-8）、“车辆管理办法”（见表6-9）、“档案管理制度”（见表6-10）等。与企业纳税有关的其他会计核算、财务收支等涉税制度已经在前面几章述及，本章不再赘述。

表6-1　××集团公司税务管理制度

<table>
<tr><td rowspan="2">制度名称</td><td colspan="3" rowspan="2">××集团公司税务管理制度</td><td>制度编号</td><td></td></tr>
<tr><td>受控状态</td><td></td></tr>
<tr><td>执行部门</td><td></td><td>监督部门</td><td></td><td>生效日期</td><td></td></tr>
</table>

第一章　总　则

第一条　规范税务管理流程，降低税务风险。

第二条　本制度适用于××集团公司及所属各分(子)公司及办事处。

第二章　税务管理岗位设置与职责

第三条　公司财务部负责对下属各公司税务工作直接进行监督与管理。

第四条　各公司财务部应设立专门的税务管理岗位及专职（或兼职）税务人员；若有重大涉税业务、涉税风险或税务检查，税务人员应及时向总部税务部汇报。

第五条　各公司税务人员主要职责：

（一）办理税务登记证、纳税人资格认证及各种税务证件年审；

（二）购买、开具、核销及保管各种发票；

（三）各种税款的申报、缴纳；

（四）编制计提税款的会计凭证及所有内部税务管理报表；

（五）协调与主管税务机关的关系、保持沟通渠道畅通；

（六）识别税务风险、提出规避风险的改进建议；

（七）负责税务档案管理。

第三章　发票管理

第六条　发票的购买。

（一）各部门需要开具的所有发票均由财务部税务人员负责统一购买或申请。

（二）各公司税务人员应及时填写《购买或领用发票申请表》，由财务负责人批准后及时安排购买（或申请）公司经营所需的各种发票，不应出现发票短缺情况。

（三）购买的任何发票均需及时入库，并填写《发票出入库登记表》。

第七条　发票的领用及开具。

（一）各公司均由财务部税务人员开具经营所需的各种发票，其他任何部门（或办事处）不应领用、填开任何发票。

（二）税务人员填开发票前应填写《购买或领用发票申请表》，经本公司财务负责人批准后方可领用，领用发票后应及时填写《发票出入库登记

续表

表》。

（三）应按发票类别及版本分别登记各种发票出入库数据，并定期盘点，确保账实相符。

（四）禁止将本公司的发票借给其他任何单位填开或使用。

（五）禁止向未与本公司实际发生业务的任何单位代开发票。

（六）禁止向任何单位开具与本公司发生的实际业务内容不一致的发票。

（七）开具任何发票时均不应涂改；因错填发票信息或其他原因需要对已开具的发票作废，应将包含发票联在内的所有联次发票全部收回整齐粘贴在存根联后，并在各联加盖“作废”印章。

（八）开具任何发票均应完整填写客户名称，不应简化填写或留空不填。

（九）开具任何发票均应依法、完整填写所有开票内容及开票人全称，不应漏填或错填。

（十）普通销售发票、服务业发票应在实际业务发生后一个月内开具，若超过一个月仍需开票，应由本公司财务负责人批准后方可开具。

（十一）增值税专用发票应在实际业务发生后三个月内开具，若超过三个月仍需开票，应由本公司财务负责人及集团财务中心税务部负责人批准后方可开具。

（十二）依法向任何客户开具增值税专用发票时，应填写《增值税专用发票开票审批表》，并由本公司财务负责人（集团由税务负责人）批准后方可开票。

（十三）税务人员应在收到有效的开票资料后在五个工作日内开出相关发票；若开票资料不符合规定，则不应开票，但应及时说明原因并要求补充或更正相关开票资料。

（十四）税务人员将开具的各种发票交给客户时，应由客户书面签收，并保存发票签收表；若快递发票给客户，应在快递单中写明发票名称及号码。

第八条　采购或报销应取得有效发票。

（一）各公司采购各种商品（含库存商品、固定资产、无形资产、低值易耗品及办公用品等），以及报销各种费用均应依法取得有效发票。

（二）向广告公司支付的广告费应取得广告业发票，其他任何发票均不应作为报销依据。

（三）向运输企业支付运输费应取得《公路、内河运输业统一发票》，其他任何发票均不应作为报销依据。

（四）取得的增值税专用发票必须合法、有效，不得收取过期发票或无效发票。

续表

（五）取得的所有增值税涉税发票（含增值税专用发票、运输发票等）必须在发票有效期内交给税务人员扫描认证。 （六）移交或接收增值税涉税发票时应如实填写《增值税涉税发票交接及到期预警明细表》，由交接双方签字确认。 （七）税务人员当月收到的所有增值税涉税发票应在当月扫描、认证完毕，不应遗漏或丢失。 （八）财务人员进行账务处理时，选用的会计科目及记录的凭证摘要应与取得的发票开票内容保持一致。 **第四章　纳税申报** **第九条**　各公司计提所有税款都应填写税金计算表，该计算表应打印并由税务负责人签字后作为税金计提凭证的附件。 **第十条**　各公司应按主管税务机关的要求及时申报所有纳税报表并及时缴纳税款。 **第十一条**　各公司缴付的任何税金（含营业税、车船税、房产税、印花税等）无论金额大小，都应首先计入“应交税费”科目贷方，实际缴税时再计入“应交税费”科目借方。任何税金不能直接借记费用科目，贷记货币资金科目。 **第十二条**　每年末应按企业所得税汇算清缴口径填写所得税汇算清缴报表，据此计提企业所得税，经集团公司财务部批准后方可进行年度所得税账务处理。 **第十三条**　若年度内出现重大财产损失且在后期难以保留或提供证据，应在发生损失的当期向主管税务机关递交财产损失在税前扣除的申请，并及时通知税务机关现场取证。 **第十四条**　年度内若发生财产损失，应据实判断是否需要聘请中介机构提供鉴定报告，并依法取得财产损失鉴定报告，及时报送税务机关，获得税前扣除的批文。 **第十五条**　无论企业赢利还是亏损，凡是独立缴纳企业所得税的企业均应聘请具备有效资质的事务所出具年度所得税汇算清缴审核报告。 **第十六条**　公司注册地若存在税收优惠政策或财政返还政策，各公司应及时申报相关资料，积极争取获得享受税收优惠政策或财政返还政策。 **第十七条**　各公司应按集团财务部要求定期向总部报送内部税务管理报表。 **第五章　税务档案管理** **第十八条**　各公司应将各主管税务机关名称及具体管辖的所有局（处或

续表

科、室）负责人名称、职务、主管业务及联系方式等进行书面登记。

第十九条　各公司应将所有法定纳税申报表及内部税务管理报表按月装订成册，并规范制作文件封面，妥善存档保管。

第二十条　各公司应将企业所得税汇算清缴审核报告、财产损失审核报告及其他有关税务审核报告规范装订成册，妥善保管。

第二十一条　各公司应将税务机关出具的各种批复、检查处理决定等文件装订成册，并规范制作文件封面，妥善存档保管。

第二十二条　各公司应建立《税务档案保管清册》，对所有税务证件、申报软件（含软件及IP地址）、IC卡、储存盘、纳税申报表、审计报告、税务批复、税法文件等详细记录在保管清册中。

第二十三条　若税务人员离职，应规范办理税务档案移交手续，填写移交清单，移交清楚后方可办理其他离职手续。

第二十四条　若相关税务档案保管期届满需要销毁，应由各公司财务负责人及集团财务中心税务部负责人批准后方可销毁，销毁前应完整填写《会计档案销毁清册》，留存备查。

第六章　附　则

第二十五条　各公司获得营业执照后，应及时办理税务登记证，按当地税务机关要求开设纳税账户，并至少应在开业前一个月内办理并通过一般纳税人资格认证。

第二十六条　各公司应及时、依法办理各种税务证件年审、变更业务。

第二十七条　本制度自20××年1月1日起施行，以前相关规定若与本制度不一致，以本制度为准。

第二十八条　本制度由集团财务部负责解释。

编制日期		审核日期		批准日期	
修改标记		修改处数		修改日期	

表6-2　××公司财务管理审批权限及业务流程

<table>
<tr><td rowspan="2">制度名称</td><td colspan="3" rowspan="2">××公司财务管理审批权限及业务流程</td><td>制度编号</td><td></td></tr>
<tr><td>受控状态</td><td></td></tr>
<tr><td>执行部门</td><td></td><td>监督部门</td><td></td><td>生效日期</td><td></td></tr>
</table>

为规范财务借款、付款、请款和报销管理制度，加强财务管理、提高办事效率，根据国家有关法律、法规及财务制度，结合本公司的具体情况，特制定本制度。

第一章　暂借款、往来款制度

第一条　暂借款是指因业务需要的临时借款，包括差旅费及各种临时性借款。往来款是指因业务需要，集团间资金划拨的款项。

第二条　额度审批权限：

（一）业务需要5万元以内的大额借款必须经分管副总、常务副总审批；5 万元（含）以上的大额借款应报经总经理审批；个人借款原则控制在其月工资范围之内。

（二）往来性质款项划拨不论金额大小必须经董事会审批。

第三条　借款程序：

借款人应详细填写《借款审批表》，借款时应注明借款时间、事由、金额、还款时间等，部门经理应对借款内容审查证明，经财务审核后报分管副总、常务副总审批同意后方可借款。

第四条　所有暂借款必须在前账结清之后方可再借付，确因业务需要而来不及结清前账，必须向财务部经理讲明原因，经同意后方可再借付。

第五条　经办人必须在事务完毕三天内凭有效原始票据报销各项暂借款项，超出一个月不结账者，财务部有权扣发经办人工资抵偿。

第二章　业务请款制度

第六条　业务请款是指合同（协议）付款、工程结算付款、材料的采购付款等。

第七条　业务请款按照已签订合同项下的工程进度付款及采购款支付经分管副总、行政副总和常务副总审批。签订合同的审批权限如下：

（一）工程招标及发包合同：100万元以下由公司经营班子审批；100万元以上（含100万元）经公司经营班子审议后，报董事会审批。

（二）对外采购合同：80万元以下由公司经营班子审批；80万元以上（含80万元）经公司经营班子审议后，报董事会审批。

（三）其他合同（设计、广告、企划、代理）：20万元以下由公司经营

续表

班子审批；20万元以上（含20万元）经公司经营班子审议后，报董事会审批。 （四）对外投资、担保、对外借款合同等均需经董事会审批。 **第八条**　请款程序： 请款人应根据合同、协议、工程预结算书等填制《费用开支（请款）审批表》，经部门经理审核确认后由财务部门根据合同、发票以及公司的资金计划等情况安排上报分管副总、行政副总和常务副总审批，财务部门再根据合同约定转账至相关单位。 **第九条**　材料款的结算应附有相关部门的进仓验收单，材料管理部门应造册登记做好材料的收发明细账，各种物资到货时，坚持“先入库、后领用”的原则。 **第十条**　工程的结算除应有合同或协议外，还应包括施工员、预算部、分管副总、常务副总等相关人员签字的结算确认书，签字人员对工程结算金额负责。 **第十一条**　材料发票、工程发票等相关发票的提供，应符合当地税务部门的规定，对不符合到当地税务机关规定的，财务部门有权拒绝付款。 **第三章　经营管理费用制度** **第十二条**　经营管理费用审批权限： （一）日常经营管理费用1万元以下由公司行政副总和常务副总审批；1万元以上（含1万元）经公司经营班子审议后，报董事长审批。 （二）单笔业务招待费1万元以下由公司行政副总和常务副总审批；1万元以上（含1万元）经公司经营班子审议后，报董事长审批。 （三）对外捐赠、赞助、罚没款2万元以下由公司行政副总和常务副总审批；2万元以上（含2万元）经公司经营班子审议后，报董事长审批。 **第十三条**　发票必须是税务机关规定的正式发票，内容包括日期、商品名称、单价、数量、金额，并盖有开具发票单位的发票章或财务专用章。经办人必须要求开票单位如实填写发票所有内容，发票涂改、大小写不符、假发票以及未盖有财政监制章的收据一律不予报销。 **第十四条**　报销费用时必须填写统一格式的《费用开支（请款）审批表》，经办人必须在每张发票背面签字确认，所有单据要按性质（如差旅费、招待费、办公费用）分类、分次、分页粘贴填制；差旅费必须分次、按出差地点分开填列，并计算好出差天数，住宿、伙食补助和市内交通费在限额内填报。费用结算单所有报销单据的张数和合计金额必须准确无误填写，不得涂改，粘贴要求整齐、美观。 **第十五条**　办公用品的购置由各部门根据需要，编制计划报行政部审核

续表

<table>
<tr><td colspan="6">汇总，按审批权限批准后，由人事行政部按计划统一购买统一报销，行政部门应建立实物账，详细登记办公用品的进、出情况。
　　第十六条　费用的核销应在事务处理完毕后3日内到财务部办理报销手续，部分属月缴费用的最长不得超过15天，费用超过一个月以上未报的原则不予报销。
　　第四章　固定资产管理制度
　　第十七条　固定资产添置、租赁、转让与报废审批权限：5万元以内的公司经营班子审批；5万元以上（含5万元）的需报董事会审批。
　　第十八条　固定资产的需求必须由各部门根据实际情况提出申请，说明事由用途、数量及所需资金，由部门经理提出申请，报行政部审核汇总后，由行政部负责采购计划的安排与落实。
　　第十九条　固定资产的购置发票报销时按正常的审批权限和报销程序。固定资产的管理按照公司的《财产管理制度》执行。
　　第二十条　低值易耗品的采购报销流程参照固定资产的采购报销流程。
　　第五章　附　则
　　第二十一条　本制度从颁布之日起执行，由公司财务部负责解释。</td></tr>
<tr><td>编制日期</td><td></td><td>审核日期</td><td></td><td>批准日期</td><td></td></tr>
<tr><td>修改标记</td><td></td><td>修改处数</td><td></td><td>修改日期</td><td></td></tr>
</table>

表6-3 公司差旅费用管理办法

制度名称	××公司差旅费用管理办法			制度编号	
				受控状态	
执行部门		监督部门		生效日期	

第一条 为出差人员工作和生活需要，本着勤俭节约的原则，结合公司的实际情况，特制定本规定。

第二条 交通费用开支标准和办法。

1. 乘坐车、船和飞机的标准：

项目 职务	火 车	轮 船	飞 机
常务副总经理	软席车	一等或二等舱位	经济舱位
副总经理	软席车	二等舱位	经济舱位
部门正副经理	硬席车	三等舱位	经济舱位
一般员工	硬席车	三等舱位	—

2. 乘坐火车或汽车从晚8时至次日晨7时之间，在车上过夜6个小时以上或连续乘坐超过12小时，可购买硬席卧铺票。

3. 出差原则上乘坐火车，如果出差路途较远或出差任务较急需乘坐飞机者，须事先经常务副总经理批准后，方可报销，否则财务部一律按职务级别标准给予报销。

4. 乘坐其他交通工具的，按实报支。

5. 异地公共交通费（公共汽车、地铁等）实行实报实销，出租车费用必须经分管领导逐单确认后，方可予以报销；本地市区因公务需要乘坐其他交通工具的应事先经行政部同意，依据发票据实报销。

6. 在不影响工作的前提下，应节约各项差旅费开支，特殊情况呈报常务副总经理批准。

第三条 住宿费用开支标准和办法。

1. 住宿费用开支标准：

职务	标准	开支标准
董事长、总经理	五星级	600~1500元/天
副总经理等高管	四星级	300~800元/天
部门经理	三星级	200~350元/天
一般员工	三星级及以下	150~250元/天

续表

2. 出差住宿费报销需提供住宿原始发票，无法提供发票者不得报销。

3. 出差当地有亲属或朋友提供住宿的，节省住宿费用的，经常务副总经理批准，可按当地住宿标准的50%予以补助。

第四条 伙食补贴标准和办法。

1. 出差伙食补助费，不分途中和住勤，每人按每天规定的补助标准补贴（省会城市及经济特区：50元／天，其他城市30元／天），驾驶员因公事出差，同样享受此伙食补贴标准。

2. 参加会议学习，会议有伙食补贴的不再发伙食补贴。

第五条 趁出差之便，经常务副总经理批准就近回家探亲的，绕道车、船费扣除出差直线单程车、船费多开支的部分由个人自理，且绕道在家的出差伙食补助费、住宿费和市内交通费不发。

第六条 出差费用的报销程序。

1. 出差人员填写《出差申请表》，经分管副总批准后作为借款和考勤依据，需要注明事项包括：出差日、出差天数、交通工具、出差事项等。如需超标准报销的，应报常务副总经理批准。

2. 出差人员如需向公司借支费用的，应在报批《出差申请表》的同时得到分管副总批准，到财务部按规定办理暂借款手续。

3. 出差人员出差返回3天内，填写《差旅费用报销单》交财务部审核，报分管副总或常务副总经理审批。

4. 出差人员持批准的《差旅费用报销单》到财务部报销，并充其借款或支付款项。

5. 出差费用报销严格按照规定执行,若无法提供原始发票者，需书面说明报常务副总经理批准。

第七条 本暂行规定自颁布之日起执行，解释权归人事行政部。

编制日期		审核日期		批准日期	
修改标记		修改处数		修改日期	

表6-4　××公司经济合同管理制度

<table>
<tr><td rowspan="2">制度名称</td><td colspan="3" rowspan="2">××公司经济合同管理制度</td><td>制度编号</td><td></td></tr>
<tr><td>受控状态</td><td></td></tr>
<tr><td>执行部门</td><td></td><td>监督部门</td><td></td><td>生效日期</td><td></td></tr>
<tr><td colspan="6">
第一章　总　则
第一条　为了依法促进公司对外经济活动的开展，规范对外经济行为，提高经济效益，防止不必要的经济损失，特制定本制度。
第二条　公司各职能部门对外发生经济活动签订的经济合同，应严格执行本制度规定。
第二章　机构设置与职责分工
第三条　合同项目经理（负责人）职责：
（一）根据《合同法》及相关法律、法规的规定，详细、合法地订立合同条款；
（二）审查订立合同的主体，合同对方主体必须具备签署合同的资格且具有履行合同的资格；
（三）审查合同对方经办人、代理人的资格，对方签约人必须具备签署合同的资格；
（四）如有必要应对合同进行公证；
（五）跟踪合同执行情况，履行合同义务。
第四条　职能部门负责人职责：
根据合同需要，配合项目负责人参与合同条款的订立和履行合同义务。
第五条　财务部职责：
根据合同需要参与洽谈合同价款及付款方式，并根据合同编号设立合同台账，每一合同设立一台账，依据合同履行收付款工作，分别按业务进度情况和收付款情况一事一记。
第六条　行政部职责：
（一）负责合同订立过程中的传递工作；
（二）负责法律顾问的联络；
（三）负责签署合同的存档。
第七条　法律顾问的职责：
负责从法律角度对合同条款进行审核。
第八条　分管副总经理的职责：
负责分管业务范围内的合同审核。
（一）根据合同需要，指定合同洽谈临时小组成员，指定合同项目负责
</td></tr>
</table>

续表

人； （二）审核合同条款及合同价款； （三）监督合同执行情况。 **第九条** 常务副总经理的职责： 负责在董事会确定的授权范围内对合同进行最终审批。 **第三章 合同的审批权限** **第十条** 工程招标及发包合同： 100万元以下由公司经营班子审批；100万元以上（含100万元）经公司经营班子审议后，报董事会审批。 **第十一条** 对外采购合同： 80万元以下由公司经营班子审批；80万元以上（含80万元）经公司经营班子审议后，报董事会审批。 **第十二条** 其他合同（设计、广告、企划、代理等）： 单项20万元以下由公司经营班子审批；20万元以上（含20万元）经公司经营班子审议后，报董事会审批。 **第十三条** 对外投资、担保、对外借款合同等均需经董事会审批。 **第四章 合同管理流程** **第十四条** 单项费用3万元及以下的合同： （一）职能部门提出项目合同的需求，由该部门牵头各相关部门配合，组织人员进行询价，询价单位不得少于三家，并就询价结果、拟订建议等内容形成书面报告提交例会审议，并报公司经营班子审定。 （二）由合同项目部门拟订合同文件，各相关部门必须在合同评审表中签署审核意见，经分管副总和常务副总审批后签订合同。 **第十五条** 单项3万元以上的合同： 凡涉及工程施工项目或单项3万元以上的合同，均应采用招标形式选择实施单位，招标及合同的工作流程按照相关制度实施。 **第五章 合同的签署** **第十六条** 合同签订的原则： （一）签订经济合同，必须遵守国家的法律法规，贯彻平等互利、协商一致、互惠双赢的原则； （二）除即时结清者外，合同均应采用书面形式，有关修改合同的文书、图表、传真等均为合同的组成部分； （三）国家规定采用标准合同文本的则必须采用标准文本； （四）签订合同前，必须了解、掌握对方的经营资格、资信等情况，无

续表

经营资格或资信不良的单位不得与之订立经济合同。

第十七条　合同条款的拟订：

（一）经济合同必须具备标的（指货物、行为、项目、最终成果等），数量和质量、价款、计量单位或酬金、履行期限、地点和付款方式、权利和义务，违约责任等主要条款，应加盖公章或合同章。经济合同可订立定金、抵押等担保条款；

（二）对于合同标的没有国家通行标准又难以用书面确切描述的，应当封存样品，由合同双方共封存，加盖公章或合同章，分别保管；

（三）每一合同文本均必须注明合同双方的单位名称、地址、联系人、电话、银行账号。

第十八条　合同盖章和存档：

（一）对外签订的经济合同，严禁在空白文本上盖章并且原则上先由对方签字盖章后我方才予以签字盖章，严禁我方签字以传真、信函的形式交对方签字盖章，如有特殊需要，须经常务副总特批；

（二）单份合同文本达二页以上须加盖骑缝章；

（三）合同盖章生效后，由行政部对合同进行分类编号并登记；

（四）合同文本原则上我方应持两份，合同正本由行政部存档，复印件提交相关部门、财务部门备查；

（五）合同评审流程中各部门审核意见签署于合同评审表，合同评审表作为合同审核过程中的记录和凭证在合同盖章后由行政部留存并及时归档。

第六章　合同的履行

第十九条　合同依法订立后，即具有法律效力，应当实际、全面地履行。

第二十条　各相关业务部门应根据合同编号建立合同台账，每一合同设立一台账，分别按业务进度情况和收付款情况一事一记。

第二十一条　在合同履行中如遇履约困难或违约等情况应及时向公司分管副总经理汇报，各相关职能部门如遇合同中涉及法律纠纷时应及时通知法律顾问。

第二十二条　财务部依据合同履行收付款工作，对下列情形的业务，应当拒绝付款：

（一）应当订立书面合同而未订立书面合同；

（二）收款或付款单位与合同对方当事人名称不一致的。

第二十三条　收款或付款单位与合同对方当事人名称不一致的，财务部应当督促收款或付款单位出具代收或付款证明。

续表

第二十四条　在合同履行过程中，合同付款程序根据公司财务管理制度执行。

第七章　合同的变更与解除

第二十五条　合同双方任何一方提出变更或解除合同必须依照原合同评审程序经评审确认后方可执行。

第二十六条　如有变更或解除合同，双方应当采用书面形式通知，并按规定经审核后加盖公章或合同专用章。

第二十七条　有关部门收到对方要求变更或解除合同的通知，必须在3天内向公司分管副总经理或常务副总汇报，并根据合同需要，及时通知法律顾问。

第二十八条　变更或解除合同的通知和回复应符合公文收发程序，挂号寄发或由对方签收，挂号或签收凭证作为合同组成部分，与合同一并存档。

第二十九条　变更或解除合同的文本作为原合同的组成部分或更新部分与原合同具有同样法律效力纳入本规定的管理范围。

第三十条　合同变更后，合同编号不予改变。

第八章　附　则

第三十一条　合同作为公司对外经济活动的重要法律依据和凭证，有关人员应保守秘密。

第三十二条　凡因未按规定处理合同事宜、未及时汇报情况和遗失合同有关资料而给公司造成损失的，追究其经济和行政责任。

第三十三条　因故意或重大过失而给公司造成重大损失的，移送司法机关追究其法律责任。

编制日期		审核日期		批准日期	
修改标记		修改处数		修改日期	

表6-5　××公司薪酬福利制度

制度名称	××公司薪酬福利制度			制度编号	
				受控状态	
执行部门		监督部门		生效日期	

第一章　总　则

第一条　为规范公司薪资、福利管理工作，使公司的薪资核算、计发工作有据可循，确保薪资、福利管理科学、合理，激励员工的工作热情和工作责任心，提高工作效率，提高公司凝聚力和竞争力。

第二条　公司的薪酬、福利管理均要遵循本规定，实行统一管理，由公司人事行政部负责落实。

第三条　适用范围为公司所有员工。

第二章　薪酬管理

第四条　公司每月10号发放上月薪资，各部门考勤汇总必须于每月3号前报人事行政部，人事行政部根据员工当月考勤情况计算当月工资，提供相应表单给财务部据以发放薪资，薪资发放日如有变动以公司通知为准。

第五条　薪资计算方式：

（一）事假7天以内（含）：

月工资－（月基本工资÷月应出勤工作天数×月实际缺勤天数）

（二）事假7天以上（不含）：

月工资－（月工资÷月应出勤工作天数×月实际缺勤天数）

第六条　薪酬属于个人隐私，任何员工不得公开或私下询问、议论其他职员的薪酬。

第三章　福利管理

第七条　各种假期（详见《考勤管理》）。

第八条　社保医保等根据公司有关规定执行。

第九条　过节费：春节300元、五一节200元、国庆节200元、元旦200元，试用期人员和临时工（保安、厨师、清洁工、勤杂工等）减半发放，三八妇女节女员工参加公司组织的活动一次。

第十条　生日礼物：员工生日当天（以身份证出生日期为准）可获公司100元的生日礼物和生日贺卡。

第十一条　通信费：普通员工50元／月；公出较多的100元／月（名单由部门经理会议确定）；部门经理300元／月；副总500元／月。按月根据话费发票据实报销。

续表

第十二条　交通费：外派人员（本省内）每月可报支两趟探亲往返路费，探亲时间原则上在国家法定假期内行使，路费报销标准为家庭所在地到工作所在地交通费标准，不享受出差补贴。以上人员均按月根据实际发票据实报销。

第十三条　高温补贴：每年6～9月发放，外勤员工每月150元，内勤员工每月80元（内、外勤名单由部门经理会议确定），防暑降温物品每人40元，临时工不享受。

第十四条　各部门将内外勤人员名单报人事行政部审核批准。

第十五条　公司不定期的举办各种娱乐活动、旅游、体育、训练等各类活动，以增进员工间的感情交流，丰富员工的业余生活。

第十六条　公司的福利项目不限以上内容，可根据实际情况需要由人事行政部拟定，由常务副总经理获准后统一组织实施。

第四章　附　则

第十七条　本暂行规定从颁布之日起执行，未尽事宜由人事行政部负责解释。

编制日期		审核日期		批准日期	
修改标记		修改处数		修改日期	

表6–6 ××公司印章（鉴）管理办法

制度名称	××公司印章（鉴）管理办法			制度编号	
				受控状态	
执行部门		监督部门		生效日期	

第一章 总 则

第一条 为规范公司印章的管理，保证印章使用的合法性，杜绝不必要的经济法律纠纷的产生，有效地维护公司利益。

第二条 本办法适用公司所有印章、银行印鉴的管理。公司印章（鉴）包括公司公章、合同章、财务章、法人章、工程部门专用章、其他部门专用章、银行印鉴章、发票专用章等。

第二章 岗位职责

第三条 常务副总、行政副总：批准公司除发票专用章以外印章（鉴）的使用。

第四条 财务部经理（负责人）：负责保管本部门发票专用章，核准发票专用章的使用。

第五条 印章保管员：负责印章的安全保管和使用，确认按印章核准权限批准后使用所保管的印章。

第三章 印章的保管

第六条 印章实行入保险柜双人保管，密码与钥匙分人保管。

第七条 印章保管人必须妥善保管印章，不得将印章转借他人或请他人代为保管，如有遗失必须及时向常务副总和行政副总报告。

第八条 印章保管人在工作移交或离职时，须办理归还印章手续后方可办理离职手续。

第四章 印章的使用

第九条 使用印章须填写《印章（鉴）使用审批单》，《印章（鉴）使用审批单》一式两联实行编号管理，各级人员需要用印时将填写的《印章（鉴）使用审批单》与所需印的文件一并上报审核，按程序核准后方可盖章。

第十条 印章管理人应对文件内容和印章使用单上载明的签署情况、用印审批权限及程序等情况予以核对，经核对无误的方可盖章；需使用印章的函件必须内容准确，字迹清楚，否则印章管理员可以不给予盖章。

第十一条 财务人员依日常的权限及常规工作内容使用发票专用章根据财务管理规定执行。财务部门对外信贷必须的文件、报告、报表、按月向税务报送纳税资料等用章需经行政副总签字认可后方可盖章。

续表

第十二条　公司一般对外报送的宣传材料、统计数字、企业简况、会计报表、财务数字等资料必须使用公司稿签行文并经部门经理核稿、经行政副总、常务副总确认批准后方可加盖公章外送。 **第十三条**　公司对外合同必须附《合同、协议会签表》经分管副总、行政副总、常务副总、总经理签发后方可盖章。 **第十四条**　转账、提现的支票必须附上经部门经理、财务经理、分管副总、常务副总签字审批后的《印鉴使用审批单》和《费用开支（请款）审批表》后，方可加盖公章。 **第十五条**　公司介绍信、证明用章、对内发文用章需经行政部经理审核批准，特殊证明文件（如向政府部门递交的报告）、资料需经行政副总批准后方可加盖有关印章。 **第十六条**　印章使用后印章管理人需填写《印章（鉴）使用记录》、严禁在空白纸和空白介绍信、便函上盖章备用，对盖有公章的纸张要进行登记，用后要及时处理销毁。 **第十七条**　用印后两联《印章（鉴）使用审批单》由两个印章管理人员分别装订保管备查。 **第十八条**　印章原则上不许带出公司，确因工作需要必须将印章带出使用的，应事先填写印章使用单，载明事项，经行政副总及常务副总批准后，由两人以上随同携带使用。 **第十九条**　印章的使用必须严格依照本规定执行，未按本规定的审批程序不得擅自使用。 **第二十条**　印章管理员必须严格保密制度，涉及未公开的秘密事项不得外泄。 **第五章　用印的流程** **第二十一条**　发票专用章用印流程根据财务管理规定执行。 **第二十二条**　印鉴使用申请流程：申请人填写《印章（鉴）使用审批单》，申请人持《印章（鉴）使用审批单》及需盖章文件→申请人所在部门经理签批→分管副总经理意见→行政副总经理意见→常务副总经理核准→印章保管人审核申请及文件确认无误后盖章→《印鉴使用审批单》归档备查。 **第二十三条**　公章外借申请流程：申请人填写《印章（鉴）使用审批单》→申请人所在部门主管签批→分管副总经理意见→行政副总经理意见→常务副总经理核准→申请人持《印章（鉴）使用审批单》进行盖章外借申请→印章保管人审核申请并确认两人以上对外借章负责→《印章（鉴）使用审批单》归档备查。

续表

<table>
<tr><td colspan="6">

第六章　过失责任

第二十四条　印章使用人、印章保管人如违反本规定，给公司造成损失的，由公司对违纪者予以行政和经济处罚，造成严重损失或情节严重的，将移送司法机关处理。

第七章　附　则

第二十五条　本办法从颁布之日起执行，解释权归人事行政部。

</td></tr>
<tr><td>编制日期</td><td></td><td>审核日期</td><td></td><td>批准日期</td><td></td></tr>
<tr><td>修改标记</td><td></td><td>修改处数</td><td></td><td>修改日期</td><td></td></tr>
</table>

表6–7　××公司考勤制度

制度名称	××公司考勤制度			制度编号	
				受控状态	
执行部门		监督部门		生效日期	

第一章　总　则

第一条　为加强和规范公司考勤及相关请、休假的管理，使员工的工资核算做到有据可依。

第二条　适用范围：公司全体员工。

第三条　部门权责：

（一）各部门经理负责本部门员工一天内请假、出差的审核。

（二）人事行政部负责所有员工的各项出勤记录的统计、保管、申报以及公、休假的管理。

（三）行政副总对公司所有员工各项出勤（请假、出差等）的审批。

第四条　工作时间：

（一）公司员工实施每周工作五天制（周一至周五）。工程、营销岗位因特殊需要，其人员实行每周工作六天制，由部门内部安排轮休。

（二）工作时间按照当地政府部门规定的作息时间调整执行。

（三）考勤时间为每月的1日至31日，人事行政部门必须于次月6日前公布上月考勤结果。

第二章　打卡制度

第五条　公司员工一律实行上下班打卡登记制度。

第六条　所有员工上下班均需亲自打卡，任何人不得代理他人或由他人代理打卡，违规的代理人和被代理人当日考勤均按旷工论处。

第七条　人事行政部每天安排行政人员监督、检查员工上下班打卡，并负责将员工出勤情况报告行政副总经理，出勤情况作为财务部核发工资的依据。

第八条　所有员工须先到公司打卡后，方能外出办理各项业务。特殊情况需经分管副总签批，未办理批准手续者，按迟到或旷工处理。因特殊情况来不及签批的，应提前给分管副总报告后返回补办签批手续。

第三章　外出制度

第九条　副总经理（不含）以下员工外出办理业务前须填写《外出申请单》，写明外出原因及预计返回公司时间，经本部门负责人（或其授权人）签名确认后，交人事行政部存档备查，方可外出，否则按外出办私事处理。

第十条　上班时间外出办私事者，一经发现，当日即按旷工处理，并给予警告处分一次。

续表

第四章 加班制度

第十一条 加班申请：员工因增加非计划内工作、临时突发性重要工作且必须在限定时间内完成的，必须在工作时间以外连续工作的为加班。需加班的员工应填写《加班申请表》，经部门经理签字确认后，报分管领导审批。

第十二条 加班考勤：除正常班打卡外，加班员工需打加班结束卡，节假日加班需打加班开始和结束卡为加班补贴考勤依据。若加班无法在公司进行的，《加班申请表》经部门经理签字确认后需加报人事行政部确认；驾驶员加班出车的时数应先按行政部的派车单为依据。

第十三条 加班补贴：

（一）加班原则上以补休方式补偿。并在加班后的一个月内补休，逾期作废，加班补休的应填写《请假单》，备注说明为补休。确因工作需要无法在当月补休的，经部门经理审核并报人事行政部签字确认后方可发放加班补贴。

（二）加班补贴每天标准为50元，按天计酬，每月最高限额为300元；工程部人员和驾驶员按实际加班天数计算，并纳入工资总额进行纳税。

（三）因公务需要应酬、项目开盘、推介会、培训、公司集体活动等不计为加班。营销部门人员除国家法定节日外均不计加班。

第五章 假期制度

第十四条 公假：星期六、星期日和国家法定节假日称为公假，公司员工享受国家的各类假期。元旦（一天），春节（三天），清明节（一天），妇女节（限女性，半天），劳动节（一天），端午节（一天），中秋节（一天），国庆节（三天）。

第十五条 事假：员工因故需申请事假为不带薪假，且一次性请假原则上不得超过七天。

第十六条 病假：员工请病假需附县（区）级以上医院证明，一次性请病假原则上不得超过三个月，超过三个月者原则上自动辞职，病愈后可根据公司的需要考虑再录用。

第十七条 婚假：员工本人结婚，给予婚假七天；员工的子女结婚和员工的父母再婚，给假四天，婚假期间工资全给（须在公司服务六个月以上）。

第十八条 产假：女员工生育（须提供医院证明）可申请产假九十天（含公休日和法定节假日）。妊娠不超过三个月（含）流产的，给予产假十五天，妊娠超过三个月流产的，给予产假三十天。本公司男性员工的配偶生产，均给予陪产假七天。产假期间工资发放依据社保相关规定执行。（女员工须在公司服务一年以上方可享受）。女员工哺乳期在十个月内，每天上班可提前半小时下班给小孩哺乳，不扣工资。

续表

第十九条 丧假：员工的父母、养父母及配偶去世给丧假三天（不含公休假和法定节假日）；员工祖父母、外祖父母、子女、直系兄弟、姐妹、配偶之父母、祖父母、外祖父母或继父母去世的丧假为一天（不含公休假和法定节假日），丧假期间工资全给。

第二十条 补休假：补休假是公司因工作需要，给予员工在加班后相等时间的补休。补休假原则上要求在加班后的一个月内休完，逾期未休完的一律不予补假。

第二十一条 年假：公司工作年限满一年的员工可享受三天的带薪年假，公司工作年限三年以上员工可享受七天的带薪年假。

第二十二条 审批权限：员工、部门副经理请假一至三天以内（含）应提前一天报部门经理核准，三天以上至七天以内（含）应由行政副总核准。经理以上请假一至三天以内（含）应提前一天报分管副总核准，三天以上至七天以内（含）提前一天报常务副总核准。

第六章 考勤操作流程

第二十三条 请假：员工请假需提前办理手续，否则以旷工处理。因特殊原因无法提前办理请假手续者，应在假期结束上班的第一天及时办理补假手续。其程序为：到行政部领取个人《请假申请单》→填单→各级主管审批→交回行政部备案。

第二十四条 出差：员工因公需离开办公所在地城市，需办理出差申请手续。其程序为：到行政部领取《出差申请表》→填单→各级经理（负责人）审批→将考勤联交行政部备案，出差由公司行政副总核准。凡未填写《出差申请表》者不予报销出差费用，情况特殊的须报常务副总审批。

第七章 附 则

第二十五条 本制度从颁布之日起执行，未尽事宜的解释权归人事行政部。

编制日期		审核日期		批准日期	
修改标记		修改处数		修改日期	

表6-8　××公司财产管理制度

制度名称	××公司财产管理制度			制度编号	
				受控状态	
执行部门		监督部门		生效日期	

第一章　总　则

第一条　为了规范及加强公司财产的管理，保证财产的有效利用，特制定本制度。

第二条　本制度适用于公司所有工作人员。

第三条　本制度中公司财产包括固定资产、通用办公设备、办公用品等。

（一）固定资产指单位价值在2 000元以上（含2 000元），使用年限在一年以上的物品，如交通设备、电脑、复印机、空调、家电、家具等。

（二）通用办公设备是指单位价值在2 000元以下并可重复周转使用的财产，如打印机、传真机、桌椅等。

（三）办公用品包括易耗品、非易耗品等。

第四条　管理组织机构及职能：

（一）行政部：财产的购置、调拨、报损、盘点及日常管理。

（二）财务部：固定资产账务管理及年终盘点的账实核对。

（三）领用部门：物品的领用、保管使用。

第五条　财产编号：

（一）编号部门：行政部。

（二）编号对象：固定资产、通用办公设备。

（三）编号原则：编码共九位，前二位是企业代号汉语拼音字母“SG”，第三、四位是财产类别，第五、六位为购置年份，后三位为财产序号。

（四）财产类别：JT交通设备；DN电脑设备；BG办公设备；QT其他电器设备；JJ家具用具。

例如：SG JT10001

表示公司名称	表示财产类别	表示购置年份	表示序号
SG	JT	10	001

第二章　管理流程

第六条　请购。

（一）固定资产及通用办公设备由申请人填写《请购单》，申请部门经

续表

理签字确认后报行政部，由行政部进行购前询价及添置预算，按审批权限报批。 （二）办公用品由各部门于每月25日前填写下月《办公用品请购单》交由部门经理（负责人）核准后报予行政部汇总、报批、采购、入库登记。 **第七条**　财产验收入库： （一）不需安装调试的财产购置后，由行政部及使用部门负责人共同办理验收入库手续。 （二）需要安装调试的财产购置后，由使用部门确认安装完工情况后在《请购单》“财产安装验收情况”栏内签字确认，交予行政部办理验收入库手续。 （三）办公用品由行政部办理验收入库手续。 （四）固定资产、通用办公设备及办公用品验收入库使用《财产入库验收单》，由行政部财产管理员填写。《财产入库验收单》一式两联，一联由行政部财产管理员存档，另一联作为财务报销附件。 **第八条**　行政部建立《财产汇总登记簿》、《财产明细分类登记簿》，用于记录财产的入库、领用、结算、报废等情况，确保总分记录相符。 **第九条**　财产领用、调拨、外借、送修、丢失、损坏、报废的处理： （一）领用：领用人在《财产明细分类登记簿》“领用人（保管人）”一栏直接签领。 （二）调拨： 1. 公司内部调拨：调出部门填写《财产调拨单》，表内应注明调出原因、调入部门、时间、收回日期，调出部门经理签章后由接收人及调入部门经理签章，报行政部核准。 2. 跨公司调拨：必须经行政副总、常务副总审议后报董事会审批。 （三）外借：属本市区域内公司财产外借，如与公司业务相关的政府部门或其他机构借用公司车辆或其他设备，由行政副总审批；属跨公司或跨区域借用，必须经行政副总、常务副总审批后报董事会审批。 （四）公司员工无特殊情况不得借用公司的财产为私用，如确实需要应按规定填写《财产借用表》，经行政部和行政副总批准后方可借用，并按期归还。 （五）送修：由送修部门填写《财产维修/报废申请表》，注明维修申请部门、财产编号、名称、故障情况，送修部门经理签章确认后，按审批权限报批，维修费用300元以内的零星修理报行政部经理审批，维修费用300以上（含300元）的呈报行政副总批准；交通设备维修按《车辆管理制度》执行。

续表

（六）丢失、毁损：财产在使用期间如发生丢失或损坏情况由使用部门提交报告，行政部依据事实判定责任方：一是若因人为损坏的，尚可修复的维修费用由损坏人员承担，无法修复的或丢失的财产，由损坏人或丢失人赔偿，赔偿金额按（资产原值-已提折旧额）计算；二是若非人为因素自然损耗损坏且可修复的，费用由公司承担，无法修复的方可报废。

（七）报废：指使用年限已到或自然损毁的属正常报废。申请报废部门填制《财产维修/报废申请表》，经行政部审核后报行政副总审批后进行报废处理。

以上丢失、毁损、报废的审批权限按照《财务管理权限及操作流程》执行。

第十条　办公用品领用：

（一）办公用品分为易耗品、非易耗品和其他三类，领用时分为个人领用和部门领用两种。

（二）易耗品：系指容易消耗，无法重复使用的用品，如水笔、圆珠笔、铅笔、荧光笔、橡皮擦、回形针、告示贴等；非易耗品：系指能重复使用并能保持原有形态和性能的用品，如文件夹、订书机、计算器、笔筒、尺子等。其他：系指某些部门为进行其专业工作需要的用品。如财务部常用的凭证纸簿、打印纸、复印纸等办公用品。

（三）领用：

1.个人领用：系个人保管使用物品，如水笔、橡皮擦、笔记本、笔芯等，由领用人向行政部领用并办理登记手续。

2.部门领用：系领用部门共同使用的用品，如打印纸、墨盒等，由部门经办人向行政部领用并办理登记手续。

3.非易耗品如正常故障或损坏，可以旧品换新品，如有遗失应由个人或部门赔偿或自购，如离职应移交。

第十一条　盘点：

（一）日常财产盘点由行政部组织，负责定期对公司财产实物进行盘点，编制《财产实物盘点表》，包括财产名称、类别、编号、存放地、使用状况、盈亏情况等。

（二）年度盘点时，应由行政部、财务部共同盘点并进行账实核对。盘点后应将盘点表与《财产明细分类登记簿》、《财产汇总登记簿》、财务部固定资产账核对一致，如有异常情况由行政部负责核实并提出处理意见，报行政副总及常务副总批准处理。对因个人原因造成的盘亏，将追究个人经济责任。

续表

第三章　管理用表

表1　财产借用表

年　月　日　　　　　　　　　　　　　　　　编号：

序号	财产名称	财产编号	规格	单位	数量	财产原值
用途						
归还时间						

行政副总批准		行政部审核		部门主管核准		借用人	

表2　财产调拨单

年　月　日　　　　　　　　　　　　　　　　编号：

序号	财产名称	财产编号	单位	数量	调拨原因	调拨日期	收回日期

调出部门申请人：　　　　　　　　调出部门经理：

调入部门接收人：　　　　　　　　调入部门经理：

行政部经理：　　　　　　　　　　分管副总：

行政副总：

续表

表3　维修申请单

申请部门：　　　　　　　　　　　　　　　　编号：

财产名称	财产编号	规格／型号	数量	现状说明
送修地点：		修理预计金额：		
送修时间：		财产归还时间：		
维修/报废情况：				

行政副总：　　　行政部：　　　部门主管：　　　报修人：

表4　财产报废申请单

申请部门：

财产名称	规格型号	财产编号	耐用年限	已用年限	购置日期	数量	价值
报废理由							
拟处理方法							
备注							

常务副总：　　行政副总：　　财务审核：　　部门主管：　　报废人：

第四章　附　则

第十二条　本制度从颁布之日起执行，解释权、修订权归人事行政部。

编制日期		审核日期		批准日期	
修改标记		修改处数		修改日期	

表6–9　××公司车辆管理办法

制度名称	××公司车辆管理办法			制度编号	
				受控状态	
执行部门		监督部门		生效日期	

第一章　总　则

第一条　为加强和规范公务车辆的管理，提高车辆的有效使用率，制定本办法。

第二条　本办法适用于公司公务车辆的管理。主要包括：派车、行驶、车辆入库、维修保养、证照与保险的办理等。

第三条　部门职责：

（一）行政部：负责公司公务车辆的日常调派与管理；

（二）行政副总：核准公务车辆的使用。

第二章　派　车

第四条　各部门因公务需要使用公司公务车辆，应提前填写《用车申请单》向行政部申请派车，行政部根据实际情况统筹安排调派。

第五条　驾驶员根据签批同意的《用车申请单》出车。

第六条　用车申请单联由驾驶员保管，并作为长途出车报销出差伙食补贴的依据；存根联由行政部存档，月底作为驾驶员加班工资结算的依据。

第七条　如有特殊情况需紧急用车，行政部经理不在公司无法签批，用车申请人应通过电话、短信等方式向行政部经理或行政副总请示，征得同意后由行政部或行政副总通知驾驶员方可用车，《用车申请单》后期补签。

第三章　车辆的维修与保养

第八条　根据车辆的行驶状况及行驶里程数，驾驶员应提出保养申请，并就保养项目提出建议，填写《车辆维修与保养申请单》报行政部审核，呈报行政副总审批。

第九条　车辆因损耗或故障需要维修的，驾驶员应提出维修申请，并提供维修项目的报价与维修厂家建议，填写《车辆维修与保养申请单》报行政部审核，呈报行政副总审批；如能自行修复的，可申请购买维修所需的材料及相关零配件。

第四章　车辆费用管理

第十条　驾驶员使用公司统一办理的IC卡，在指定的加油网点刷卡加油，费用由公司财务部划转。

第十一条　车辆费用的核准权限：车辆拟发生费用申请由行政副总审批、常务副总核准。

第十二条　车辆因维修保养、加油、停放、清洁、过路过桥而发生的相关费用，必须按月度由驾驶员明细记录，行政部将此记录作为进行车辆月度费

续表

用分析的依据。

第十三条　驾驶员应规范驾驶，爱惜车辆，维持车辆清洁以节约车辆的使用费用。

第五章　车辆违规与事故处理

第十四条　驾驶员因私出车或未经许可的情况下将车辆借予他人使用或让无证人员驾驶车辆而违反交通规则或发生事故的，由车辆专职驾驶员承担责任，并根据造成损失的轻重，按公司《奖惩管理制度》处理。

第十五条　车辆在公务途中因违反交通规则而发生的罚款由当班驾驶员个人承担50%。

第十六条　车辆在公务途中发生交通事故，发生的全部费用（含车辆维修费用，对方当事人索赔费用及其他费用）在扣除保险金额后，根据公司实际损失及责任事故性质进行处理；驾驶员有过错的将给予失职金的处罚。

（一）一般事故（公司经济损失金额在2 000元以下）：处以实际金额10%的失职金；

（二）重大事故（公司经济损失金额在2 000~5 000元之间）：处以实际金额8%的失职金；

（三）特大事故（公司经济损失金额在5 000元以上）：处以实际金额6%的失职金。

第十七条　公务车一旦发生事故，专职驾驶员或车辆管理人员必须在2个小时内就事故发生情况口头报告上级经理或公司领导。

第十八条　因车辆证件不全或无效而发生罚款，公司将根据情节轻重依公司《奖惩管理制度》给予相关责任人予以处罚。

第六章　车辆证照与驾驶员管理

第十九条　车辆的各类文档资料由行政部造册入档，并妥善保管有关证件。

第二十条　车辆的年检、保险、公路规费的申办由行政部管理，专职驾驶员负责手续的办理。

第二十一条　驾驶员必须严格遵守《中华人民共和国道路交通管理条例》及有关交通安全管理的规章、规则，并遵守本公司其他相关的规章制度。

第二十二条　驾驶员必须遵守驾驶操作规程，谨慎驾驶，不开违章车、带病车、英雄车，严禁酒后驾车，做到爱岗敬业，恪守职业道德，重视安全学习，牢固树立安全行车意识，杜绝事故的发生。

第二十三条　出车前驾驶员要例行检查车辆的水、电、油及其他性能是否正常，发现不正常时，要立即调整或加补。出车回来要检查存油量，发现存油不足时，要立即加油，不得在出车时才临时加油，同时必须保持车辆内、外及引擎的清洁，车内做好禁烟工作。

续表

第二十四条 驾驶员发现所驾驶的车辆有故障时，应立即维修，自己无法维修的，应立即报告车辆管理人及行政部，并提出具体的维修意见，填写《车辆维修保养申请单》，经批准后送厂维修，未经批准，不许私自将车辆送厂维修；若车辆在执行公务时出现紧急情况必须立即送维修厂维修，驾驶员应通过电话、短信等方式向行政部经理报告请示，获得批准后方可维修，《车辆维修保养申请单》后期补签。

第二十五条 出车在外或出车归来及下班后，在停放车辆时，一定要注意选取安全的或公司指定的停放地点和位置，不能在不准停车的路段或危险地段停车，离开车辆时要上好保险锁，防止车辆被盗。

第二十六条 驾驶员应经常检查驾驶车辆各种证件的有效性，出车时要保证证件齐全；各种车辆证件、保险到期前半个月，驾驶员应提前申报行政部，以便及时办理相关手续。

第二十七条 驾驶员因故意违章或因证件不齐被罚的，费用不予报销，违章所造成的后果由驾驶员本人负责。

第二十八条 驾驶员出车应严格执行《用车申请单》制度，认真填写《车辆行驶记录单》。严禁私自出车，一经查实，对初犯者给予罚款500元，第二次给予重罚2 000元，第三次给予辞退处罚。私自出车所造成的交通事故及违章处罚等，其后果由驾驶员本人承担，并视情节轻重承担经济赔偿直至辞退。

第二十九条 驾驶员对公司行政部车辆管理人员的出车安排，应无条件服从，不得借故拖延或拒不出车。对出车安排有意见的，事后可向行政部经理直至常务副总反映。

第三十条 驾驶员因公出车遇特殊情况，不能按时返回时，应及时设法通知行政部经理，并说明原因。驾驶员必须随身携带手机并保证24小时处于开机状态，保持与公司领导、行政部经理的联系。

第三十一条 驾驶员在未出车时，必须在公司待命，并严格遵守公司考勤管理制度的规定。

第三十二条 驾驶员未经公司领导批准，不得私自将车辆随便交他人驾驶，一经发现按本办法规定给予相应处罚。

第七章 处罚和奖励

第三十三条 驾驶员违反公司相关规定给公司带来经济损失的，除赔偿经济损失外，公司还将依照相关奖惩规定进行相应的处罚。

第三十四条 驾驶员安全行车，遵规守纪，全年无任何交通事故，表现特别突出的公司，将依照相关奖惩规定予以奖励。

第三十五条 本规定从颁布之日起执行，解释权归人事行政部。

编制日期		审核日期		批准日期	
修改标记		修改处数		修改日期	

表6–10　××公司档案管理制度

<table>
<tr><td rowspan="2">制度名称</td><td colspan="3" rowspan="2">××公司档案管理制度</td><td>制度编号</td><td></td></tr>
<tr><td>受控状态</td><td></td></tr>
<tr><td>执行部门</td><td></td><td>监督部门</td><td></td><td>生效日期</td><td></td></tr>
</table>

第一章　总　则

第一条　为了加强公司档案管理工作的业务建设，不断提高科学管理水平，逐步规范公司档案管理工作，使本公司档案管理程序化、制度化、合理化，有效地为公司各项工作服务，特制定本制度。

第二章　档案管理部门及岗位职责

第二条　公司行政部是公司档案工作的分管部门，具体负责对档案室的管理工作。

第三条　行政部档案工作职责：

（一）负责制定档案工作的发展计划，负责协调将档案工作纳入公司的工作计划和各部门的工作职责。

（二）对档案管理的各项制度的执行落实进行监督、检查和协调，直接向档案工作分管领导汇报具体工作事项。

第四条　公司各部门负责人档案工作职责：

（一）负责本部门的档案领导工作，将档案工作纳入日常工作议程，指定本部门档案保管人员，并落实岗位的工作职责。

（二）对本部门档案工作做到有布置、有检查、有落实。

（三）参加本部门设备仪器开箱验收，确保设备文件材料的完整齐全。

（四）负责解决本部门档案工作中存在的问题。

第五条　档案管理人员工作职责：

（一）热爱档案工作，刻苦钻研业务，不断提高业务素质，努力完成各项工作任务。认真贯彻执行《档案法》，做到依法办事，以法治档。全面加强公司各部门档案管理工作，促进档案工作的制度化、规范化、标准化。对本公司各部门文件材料的归档工作进行指导、监督并积极与各部门做好各类档案的收集、整理、鉴定、归档移交等项工作。

（二）严格执行档案借阅、借用制度，按规定履行登记、注销等手续。

（三）加强档案的保密制度，防止失窃、泄密及文件损失事件发生。做好档案“十防”（即防盗、防水、防火、防潮、防尘、防鼠、防虫、防高温、防强光、防泄密）工作。

（四）根据保管期限表，认真做好档案的鉴定工作，将失去保存价值的归档文件材料登记造册，办好销毁手续并参与销毁工作。

续表

（五）对库藏档案要定期检查，做到账、物、卡三者相符，若发现有变质的档案要及时修补和复制，使其保持完好状态。

（六）做好档案资料的保管、鉴定、销毁、统计工作，并编制本单位大事记及基础数字汇编，做好温湿度记录和安全检查记录，做好查阅、借阅、利用档案的登记。

第三章　档案的归档制度

第六条　归档要求：

（一）凡是反映公司工作活动、具有查考利用价值的文件材料（公文、电报、传真、图表、书信、报刊、录音、录像等）均属归档范围。归档的文件材料必须是原件（定稿），且应齐全完整。

（二）归档的文件材料必须准确地反映部门各项工作活动的真实内容和历史过程。

（三）归档的文件材料必须是经过系统整理或预立卷的，必须层次分明，符合其形成规律。

（四）归档的文件材料应做到纸质材料优良，字迹工整，签署完备，禁止用铅笔、纯蓝墨水、彩笔、圆珠笔、复写纸书写，以利于档案的长期保存。

（五）案卷大小按各类档案常规管理要求，封面要注明案卷名称、密级、保管期限、编制单位与日期。立卷装订要整齐、美观、坚固，拆除金属物。

（六）财务档案由财务部负责管理。归档的会计档案财务手续应完备，立卷脊背包角纸，接缝处加盖财务专用章或个人专用章。

（七）立卷归档的录音、音像、照片等声像档案及实物档案，应标注制作时间、年代、文字说明、承办单位、制作人，并按照档案管理要求单独存放。

第七条　归档时间：

（一）各项管理工作中形成的文件材料，在第二年3月份内要将应归档的文件材料按档案分类法和归档范围，完整向行政部档案室移交。如有些材料还需使用，也应先按立卷归档后再办理借阅手续。

（二）设备档案一般在设备安装完工验收后归档。

（三）基建档案在工程完成后二个月内，将要归档的图纸和资料向行政部档案室归档。

（四）每年形成的会计核算专业材料由财务各部门立卷后，由财务部门保管。

（五）客户的按揭材料在办理过程中由开发部保管，下款后由财务部立

续表

卷归档保管。 （六）客户的销售资料每年由营销部立卷归档。 （七）当年形成的会计档案，在会计年度终了后，可暂由会计人员保管一年，期满后由会计人员编制移交清册，向行政部档案室移交。 **第八条**　归档份数： （一）一般文件材料归档一式一份。 （二）重要的需要永久保存的或利用频繁的文件材料归档一式两份。 **第九条**　归档手续： （一）归档时要填写《归档移交登记表》。 （二）交接双方按《归档移交登记表》内容当面清点、审核无误后进行交接；须解释的问题应当面讲清记录备忘。 （三）交接双方应在《归档移交登记表》上签字备查。 **第四章　档案保管制度** **第十条**　公司所有员工都有保护档案的义务。档案管理人员要切实负起责任，保管好档案。 **第十一条**　对所保管的档案要登记在册，集中存放，分清保管期限，分年排列整齐，不得分散随意堆放，要定期清点、检查、以防丢失。 **第十二条**　按照档案保管的要求，切实做好档案“十防”（即防盗、防水、防火、防潮、防尘、防鼠、防虫、防高温、防强光、防泄密）工作，每年对所保管的档案进行一次清点核对，做到账物相符。并对保管状况进行记录。 **第十三条**　严格档案接收、移交、借用的登记手续，对借用的案卷应及时收回并放归原箱位。保证档案的绝对安全。发现损坏、泄露、丢失档案者，应及时上报，严肃处理。 **第十四条**　档案柜钥匙要由专人保管，不准外带，以防丢失。保管人员请假外出，要由行政部指定代管人员。 **第十五条**　档案保管人员调动工作时，应在离岗前办好交接手续。 **第十六条**　开展档案利用工作，编制档案检索工具，方便查找，搞好档案利用信息反馈，有效地为公司领导决策和部门各项工作提供服务。 **第五章　基本建设项目档案的管理** **第十七条**　基本建设项目档案资料是指在整个项目从酝酿、决策到建成投产（使用）的全过程中形成的、应当保存的文件，包括基本建设项目的提出、调研、可行性研究、评估、决策、计划、勘测、设计、施工、调试、生产准备、竣工、试生产（使用）等工作活动中形成的文字材料、图纸、计算材料、声像材料等形式与载体的文件材料。

续表

第十八条　基本建设项目档案资料工作要与项目建设进程同步。项目申请立项时即应开始进行文件材料的积累、整理、审查工作；项目竣工验收时，完成文件材料的归档和验收工作。 **第十九条**　项目建设过程中，建设单位、工程总承包单位、工程建设现场指挥机构、勘察设计单位、施工单位应在各自的职责范围内搞好建设项目文件材料的形成、积累、整理归档和保管工作。属于建设单位归档的档案材料，有关单位应按时整理，移交建设单位。 **第二十条**　档案资料的汇总整理： （一）建设项目实行总承包的，各分包单位负责收集、整理分包范围内的档案资料，交总包单位汇总、整理。竣工时由总包单位提交完整、准确的项目档案资料。 实行工程建设现场指挥机构管理的建设项目，各分包单位负责收集、整理分包范围内的档案资料，交总包单位汇总、整理，竣工时由总包单位向建设单位提交完整、准确的项目档案资料。 （二）建设项目由建设单位分别向几个单位分包的，各承包单位负责收集、整理所承包工程的档案资料，交建设单位汇总、整理，或由建设单位委托一个承包单位汇总、整理。 **第二十一条**　建设单位、工程总承包单位、工程现场指挥机构、施工单位、勘察设计单位必须有一位负责人分管档案资料工作，并建立与工程档案资料工作任务相适应的管理机构，配备档案资料管理人员，制定管理制度，统一管理建设项目的档案资料，施工过程中要有能保证档案资料安全的库房和设备。 **第二十二条**　凡有引进技术或引进设备的建设项目，要做好引进技术和引进设备的图纸、文件的收集、整理工作，无论通过何种渠道得到与引进技术或引进设备有关的档案资料，均应交档案部门统一管理。档案部门要加强提供利用手段和措施，保证使用。 **第二十三条**　归档的文件材料要字迹清楚，图面整洁，不得用易褪色的书写材料书写、绘制。 **第二十四条**　对超过保管期限的基本建设项目档案资料必须进行鉴定，已失去保存价值的档案资料，经过一定的审批手续，登记造册后方可处理。保密的档案资料应按保密规定进行管理。 **第二十五条**　设计建设大、中型建设项目时，均应设计建设与工作任务相适应的，符合要求的档案资料库房，并为档案资料保证和提供利用配置必要的设备，其费用列入工程总概算。

续表

第二十六条　竣工档案资料的管理要求： （一）竣工图是工程的实际反映，是工程的重要档案，工程承包合同或施工协议中有根据国家对编制竣工图的要求，对竣工图的编制、整理、审核、交接、验收作出规定，施工单位不准时提交合格竣工图的，不算完成施工任务，并应承担责任。 （二）施工单位要做好施工记录、检验记录、交工验收记录和签证等，整理好变更文件，按规定编制好竣工图。工程竣工验收前，由主管部门、建设单位组织检查竣工图的质量，基本建设主管部门、施工企业的主管部门应检查施工单位编制施工档案的质量。 （三）编制竣工图的费用，按下列方法处理： 1. 因设计失误造成设计变更较大，施工图不能代用或利用的，由设计单位负责绘制竣工图，并承担其费用。 2. 因建设单位或主管部门要求变更设计，需重新绘制竣工图时，由建设单位绘制或委托设计单位负责绘制。其费用由建设单位在基建投资中解决。 3. 第1、2项规定以外的，则由施工单位负责编制竣工图，所需费用，由施工单位自行解决。 **第二十七条**　建设单位应根据工程规模和工程全过程中应产生的文件材料规定详细的归档范围和内容，以确保归档文件材料的完整性。 **第二十八条**　基本建设项目档案资料的保管期限分为永久、长期、短期三种。 长期保管的基本建设项目档案资料实际保管期限不得短于建设项目的实际寿命。 **第六章　档案借阅、借用制度** **第二十九条**　借阅、借用档案者必须遵守保密规定，在规定许可范围内借阅、借用档案。 **第三十条**　公司员工因工作需要查阅档案，必须履行借阅登记手续，方能借阅。 **第三十一条**　查阅档案在档案室查阅，确因工作需要外借一般不得超过一周，如延长使用，必须再办手续。 **第三十二条**　任何人在办理档案借阅手续或外借手续时必须填写《档案借用申请表》，说明用途，经部门经理、行政部签字后方可借出；重要资料，须经公司领导审批同意后方可借出。借出的档案必须在限定期内归还，在限定期内未归还，档案保管员应负责催促。 **第三十三条**　借阅、借用档案要注意保护和保密，不得擅自翻印、复

续表

制、复印、拍照，必须爱护档案资料，不得有拆散、剪裁、涂改、圈、画、折叠、污损行为，违者应追究责任，严肃处理。 **第三十四条** 外单位来我单位查阅档案，一般凭单位介绍信，并需经部门领导、公司领导同意以后方予查阅。如需索要复制档案材料，则应按规定办理付款手续，属赠阅的也应办理登记手续。借阅、借用会计档案必须有财务人员在场。 **第三十五条** 凡调离本公司的职工，必须及时全部交还借用的档案资料，并得到任职部门经理及档案室签字认可。 **第三十六条** 借阅、借用过程中需摘录档案时，经档案员许可方可摘录。摘录后应将摘录内容与原件交档案员确认后方可离开。 **第七章 档案保密制度** **第三十七条** 严守公司机密，不得将档案材料带出档案室，不准把档案带回家中或公共场所查阅。所有机密档案都不得向无关人员泄密，严防档案丢失或泄密。 **第三十八条** 认真执行档案的借阅、借用制度，履行审批手续，不得任意扩大借阅、借用范围。 **第三十九条** 节假日前应对档案的保密安全进行检查，及时发现问题、解决问题。 **第四十条** 档案管理部门及有关人员应严格执行档案保密制度，对造成泄密的部门和个人应追究其责任，并视情节轻重给予必要的处分。 **第四十一条** 不准用普通电话、书信来往讨论档案机密内容，也不准把档案机密内容泄露给亲戚朋友、家属子女。 **第八章 档案的鉴定、销毁及检查制度** **第四十二条** 档案鉴定工作应在公司档案鉴定小组负责人的主持下，按照鉴定程序要求，由鉴定小组直接对档案及文件材料进行鉴定。档案部门每年应对档案文件材料进行一次清理鉴定。 **第四十三条** 档案按不同保管期限分为永久、长期、短期三类，对于超过保管期限且经鉴定无保存价值的档案，应填写《档案销毁申请单》交部门经理、分管副总、常务副总审批后方可销毁。 **第四十四条** 对已超过保管期的档案，应及时组织鉴定，经重新鉴定，仍有保管价值需延长保管期的档案，应重新划定保管期限。确实无保管价值的档案，应编制销毁清册按销毁程序进行销毁，应有两人以上监销人员。监销者应在档案销毁清册上签字，注明销毁方式和日期。若销毁的档案数量多，应送当地造纸厂当场化为纸浆，严防泄密。

续表

第四十五条　档案工作人员在销毁前，应对销毁清册认真进行清查，核对后在销毁清册上注明销毁日期并签名盖章。

第四十六条　行政人事部每年组织对公司档案、各部门文书立卷的质量进行检查。

第四十七条　每次鉴定要写出鉴定报告，填写档案鉴定情况记录和档案销毁清册，由分管档案负责人签名，并注明鉴定日期。

附表一　档案借用申请表

年　月　日

借用人		所属部门	
借用事由			
档案名称		归还时间	
申请部门意见：		行政人事部意见：	
分管副总意见：			
注：出借期间若发生损坏、遗失或擅自私用等行为，将追究相应的责任。			

续表

附表二　档案销毁申请单 年　月　日			
姓名		所属部门	
文件名称、性质及份数：			
保管年限			
部门经理意见：	分管副总意见：	总裁意见：	

附表三　归档移交登记表

类别：

日期	档案名称及内容	编号	页/份	份数	归档部门	归档人（签字）	档案签收	备注

编制日期		审核日期		批准日期	
修改标记		修改处数		修改日期	

第二节　涉税合同条款要点归纳

一、房地产开发各阶段涉及的合同

（一）前期考察阶段

前期考察报告委托协议，包括对市场、工程建设营利性等分析的考察报告。

（二）土地使用权的取得

包括《国有土地使用权出让合同》、《房屋拆迁补偿协议》等。根据取得方式不同可能会涉及股权转让、土地转让、联合开发协议等。

（三）房地产工程的设计

包括《营销策划合同》、《建设工程勘察合同》、《建设工程设计合同》、《建设工程环境评价委托合同》等。

（四）房地产工程施工阶段

包括《建设工程招标合同》及相关文件，《建设工程施工合同》（可能分别包括桩基工程、土建、水电安装、热电系统、网络、消防等施工合同）及补充协议（如承诺函）、《建设工程监理合同》、《建设工程装饰合同》、《建设工程采购协议》、《绿化工程施工合同》、《建设工程保险合同》、《建设工程融资合同》以及在工程施工过程中可能会涉及工程场所临时建筑的《广告位使用协议》、《摊位租赁协议》等。

（五）房屋交易阶段

包括《认购书》或《房屋预订合同》、《商品房买卖合同》、《销售代理协议》等。

（六）物业管理

包括《前期物业管理协议》等。

二、合同条款拟订的一般原则

房地产企业在生产经营过程中，涉及纳税的合同主要有以下几类：土地使用权出让（转让）合同、建筑工程承包合同、合作开发房地产合同、房屋拆迁安置补偿合同、房地产项目转让合同、建设工程物资采购合同、房地产销售代理合同、商品房（预）销售合同等。这些合同在签订时都应注意以下问题：

（1）主体是否合法，是否具有相应的主体资格。具体应该包括：对方是否具有相应的资质，是否具有履约能力，信誉状况等。

（2）合同内容不得违反国家的禁止性规定。这就要求相关人员对国家的相关法律法规有详细的了解。

（3）合同条款要否完备、明确。合同条款中应对合同的标的、数量、质量、价款、履约期限、履约方式、交付地点等都应该加以约定，且约定应尽可能地清晰、明确、完整，决不能含混不清或者模棱两可。

（4）对有可能出现的违约情况要加以考虑，规定相应的违约责任（包括合同的解除）。对我方可能出现的违约要规定相对较轻的违约责任；对对方条款的审查则与之相反。

（5）应约定争议管辖权条款。尽量将约定由我方所在地人民法院管辖；不能达成一致的，则应约定双方所在地人民法院都有管辖权。

（6）明确合同签订地。尽量将合同签订地约定在我方所在地或作为最后一方签字，以取得我方公安机关对涉嫌犯罪案件的管辖权。

（7）对方的签约人是否具备相应的权限，即是否是企业的法定代表人或者由企业授权的经办人。应该要求签约人出示相应的证明文件，并仔细核查证明文件。

（8）签章应包括对方单位的公章以及授权代表的签字。如果对方公章为法人的分支机构公章或内设机构，还应要求其提供所属法人机构的授权书。对方为自然人的，签章应由本人签字并加摁手印。所有的印章和签字都应清晰完整。

（9）合同落款处应有签订的具体时间。签约人签字时也应留下具体的时间。

（10）尽量争取对方提供合同担保。如约定了担保条款，还应注意担保条款是否可以得到落实：如由担保人提供担保的，应审查担保人是否有担保资格和担保能力；如提供担保财产的，应审查担保财产是否可以抵押，并尽量办理抵押登记（部分财产必须办理登记）。

（11）合同附件应与主合同相一致。

（12）合同订立之后如要变更，应采取书面形式。

三、常见合同条款范例

（一）土地使用权出让（转让）合同

（1）审查出让方的资质。如果出让方为行政机关，应注意只有市、县人民政府土地管理部门才有权出让土地，其他以各类开发区管理委员会等名义出让土地的无效。如果出让方为民事主体的，应注意审查出让方是否拥有该土地的使用权和使用期限。

（2）审查出让土地是否有瑕疵。主要要审查以下几方面：该土地使用是否可以出让，是否办妥农转用、土地征用手续；该土地上的房地产是否被抵押（如转让人在地上设有抵押权，在转让时主债务未受清偿，因设定抵押权而发生的权利义务关系则随之转让给受让人）；与土地使用权和地上物有关的税、费出让人是否缴清；在该土地上建造的工程，工程款是否已经付清；该土地上的建筑物以及该土地是否出租给第三人。

（3）在合同中应该明确完备地载明转让土地的位置、面积、原出让合同设定的用途，是否已进行基础设施和公用设施的建设，以及建筑物之占地与建筑面积、用途等，其他与转让价金的确定有关联的地上定着物如水渠、路桥和附着物如树、竹、花卉、园林等均可在合同中一一写明。

（4）应注意出让土地的价格不得低于当地政府按照国家规定确定的最低价，否则合同无效。

（5）在转让合同中应对转让登记的时间加以约定，并明确合同各方有提交登记资料、积极配合登记的义务。

（6）应对出让方式加以明确规定。

（7）应尽量规定价款的支付与转让登记同时进行。

（二）建筑工程承包合同

（1）审查承包方的资质。除应审查承包方的资质情况、施工能力、社会信誉、财务情况外，还应该审查承包方是否具备法人资格，因为这涉及到工程事故责任的分担等问题。同时还应注意承包方的二级公司和工程处不能对外签订合同。

（2）合同中应对下列问题进行明确的规定：双方一般责任　施工组织设计和工期、质量与检验、合同价款及支付方式、材料供应、设计变更、竣工与结算等。

（3）下列问题的规定尤其应重视：明确规定合同价款及其计算方式；保修期的长短，同时应规定支付工程款是留一部分作为保修款，至保修期满后再支付；工程交付的标准；材料设备供应的具体内容、品种、规格、数量、单价、质量等级、提供的时间和地点应该具体而且明确；约定供应方承担的具体责任；约定供应材料和设备的结算方法。

（4）应对是否允许分包进行规定。如允许，则应尽量规定承包方分包的，分包方须通过发包方的审核，同时禁止分包单位再分包。

（5）应对工程的质量等级进行明确规定。

（6）应规定："施工方在竣工后应该在交房同时提交施工技术资料，否则，应承担违约责任，向发包方缴纳工程总价款的5%的违约金。”以免承包方在竣工后不按时把施工过程中的一些技术资料交给发包方，致使发包方不能申请房屋产权证书，造成损失。

（三）合作开发房地产合同

合作开发房地产合同在前期审查中应着重审查以下几方面内容：合作方的资质、信誉等；以土地使用权合作方的土地使用性质；合作方是否取得了项目开发所需的审批文件。确定合同条款时应注意以下几方面的内容：

（1）应明确合作方式。是成立项目公司进行开发，还是不成立项目公司进行开发；如不成立项目公司，是各方联名开发，还是有一方或数方隐名参与开发。如成立项目公司，不论是否中外合资、合作经营企业，均需对其公司的组织形式、主要机构如股东会、董事会、经营管理人员及其运作机制进行约定。

（2）成立项目公司合作开发的，要明确注册资本投入方式以及注册资本与投资总额的差异的处理对策及相应的责任。

（3）以土地使用权入股组成项目公司的，土地使用权须作评估。

（4）以筹建处或其他名义合作开发的，须使之成为能独立承担权利义务的其他经济组织，并明确合作筹建各方的权利义务。

（5）合作开发一方以土地使用权作为合作投资的，应办理土地使用人和使用性质的变更登记手续，并明确有关费用的承担方式和责任人。

（6）一个地块上合作开发涉及几个性质不同的项目，应分别立项、分别进行审批并办理不同的证照。

（7）合作开发各方的投资回报的方式，应按是否以开发项目的房屋为标的分别规定权利义务，投资回报约定分房的，应明确房屋分配的具体办法；投资回报约定分配利润的，应约定利润的计算以及分配方式。

（8）在当事人订立的合作开发合同中，只有合作各方共享利润、共担风险，才能认定为合法有效的合作合同，除此之外，均不视为合法有效的合作行为。

（9）合作开发合同应约定建筑面积增加时的政府批准手续和增加面积的成本，增加分担及面积分配方式。

（10）合作合同应具体约定一旦合同被确认无效或不生效时的具体处理方法。

（11）应付项目的工期进行明确的规定。

（12）应对合作各方在合作中的职责进行明确约定。

（四）房屋拆迁安置补偿合同

房屋拆迁安置补偿合同签署前期应审查拆迁房屋是否符合安置补偿条件。违章建筑不受法律保护，不能享受拆迁补偿安置待遇；审查签约人是否为拆迁房屋的所有人，是否具备相应的民事能力。在合同条款中明确规定以下几方面的内容：

（1）被拆迁房屋的基本情况。包括房屋土地使用权取得方式，房屋产权证号码，房屋的结构、面积、地点、层次、朝向、建筑年限及被拆迁人家庭结构等；有附属用房、地下室、附着物的都应列明；同时对房屋内用水、用电、供气、通信和其他需列明的重要设施需动迁的，也要在基本情况中注明。

（2）被拆迁房屋的评估情况。不管是货币补偿还是产权调换，为防止拆迁过程中低值高估和高值低估等不正常情况，都应请具备资质的评估机构对被拆迁房屋区位、用途、结构、成新、层次、建筑面积等基本因素结合行业规定进行评估的情况。

（3）拆迁补偿安置方式。要根据被拆迁人的意愿确定拆迁补偿安置方式。非被拆迁人真实意思表示的，法律不能认可。如果是实行产权调换的，还应根据实际情况标明安置用房建筑面积、地点、层次、户型结构、朝向、交付时间等。

（4）搬迁期限，过渡方式，过渡用房地点、面积，搬迁补助费，拆迁补偿费用支付办法等。

（5）违约责任。拆迁人与被拆迁人就房屋搬迁期限、周转房过渡期限、安置房交付期限等还可约定违约责任及争议解决办法。

（五）房地产项目转让合同

如果我方为出让方，在签合同前应该做以下工作：办理项目土地使用权为划拨取得的，应办理土地使用权出让手续；办理项目土地使用权的变更登记手续；办理房地产开发项目转让的备案手续，具体向房地产开发主管部门办理；办理建设工程规划许可证及建设工程施工许可证的更名手续，具体向规划管理部门和建设管理部门办理；办理其他根据有关政府部门要求需要办理更名或备案的手续。

如果我方为受让方，在签合同前应审查以下内容：转让方是否已取得项目所在地块的建设用地批准证书或房地产权证；转让方是否持有建设工程规划许可证和建设工程施工许可证；项目土地使用权为出让取得的，房屋建设应达到开发投资额的25%以上；转让人是否是项目所有人。

房地产项目转让合同条款拟订中所应注意的事项：

（1）转让项目已有的各种政府批文均必须在合同中列明，包括立项和规划批文等。

（2）项目转让应符合开发不同阶段的政府有关允许转让的条件。

（3）已成立项目公司以公司股权转让方式转让全部或部分房地产项目，应按公司法有关规定办理工商变更登记手续，同时办理房地产转让的变更登记手续。

（4）成立项目公司的转让方的债权债务要明确，潜在债务的澄清，要约定公告程序。

（5）未成立项目公司以合作各方的投资权益内部转让全部或部分房地产项目，应按项目土地使用的不同情况，申办变更立项和土地使用的批准手续；转让给合作各方以外当事人的，须获得原合作各方及受让方的一致同意。

（6）转让的项目如尚未办理土地出让手续或虽已办理了出让手续，转让时尚未付清出让金的，应约定办理出让手续的具体责任人及有关费用，包括尚未付清的费用的承担方式。

（7）项目转让时，项目未按出让合同约定的期限和条件进行开发，转让合同应约定补办政府主管部门认可手续及具体责任人。

（8）项目转让时，按出让合同的土地使用年限已开始使用的，转让合同约定的土地使用年限应作相应扣除。

（9）房地产项目转让前已实行预（销）售的，应约定转让双方通知预购业主，并明确因此引起相应责任的处理方法。

（10）以转让项目公司股权方式转让的，应约定：项目公司概况、股权转让比例、价格、支付方式，现有资产的认定，需出示原公司股东会决议并办理工商变更登记手续等。

（六）建设工程物资采购合同

虽然采购合同可以采用口头形式，但在实践中必须尽量采取书面形式，以免以后发生争议。合同条款注意以下事项：

（1）注意合同的格式，在采购合同中，大多是供方提供的格式合同，合同的条款都是固定的，这对供方是比较有利的，如果我们作为需方来签订此类格式合同，要注意对方提供的合同中有没有免除或限制供方责任的条款，如果有，一定要求其说明清楚，尽量遵循公平原则协商确定双方的权利与义务，以免产生被动局面。

（2）对于采购物资的品牌、型号、等级、单价、数量等都要详细明确地规定，在标注产品的数量时，最好将产品的平方米数和片数都标注清楚，方便验货时核对产品的数量。

（3）应对交货期限、交货方式、交货地点加以明确规定。尽量规定由销售方送货，将运输过程中的风险留给供货方。

（4）应规定定金条款。待货物交付后再付全款。

（5）明确违约责任。对采购物资的品牌、型号、等级、交货地点、交货期限、交货方式的变动造成违约责任予以明确规定。

（七）房地产销售代理合同

房地产开发企业委托中介销售房地产项目时，在合同条款中，应注意以下几方面：

（1）明确委托销售房产的位置、类型、面积。

（2）应对房地产销售代理方式予以明确规定，写明是一般代理、独家代理还是包销。

（3）明确代理销售的期限以及销售任务，即要写明在多长时间内销售多少数额的房产。

（4）对代理销售方在销售期间所产生费用的负担应明确规定。

（5）应明确规定佣金的支付方式和时间。

（6）除在代理合同里设奖励条款外还应设定惩罚条款，使代理商更加明确自己的责任。

（7）应明确规定代理销售方的广告宣传必须真实，我方有权对代理销售方的广告进行审查，并具体规定违约发布广告应承担的责任。

（八）商品房预（销）售合同

房地产开发企业前期审查中，应着重审查购买方的支付能力，对于某些特殊单位还应审查其是否具有购房资格。同时房地产开发企业应取得国有土地使用证和预（销）售商品房许可证，以免预（销）售合同被宣布无效。在合同条款中应注意以下方面：

（1）应详细规定预（销）售房的位置、土地使用年限。

（2）规定预（销）售房的面积时，应详细说明建筑面积、土地面积、基底分摊、公用分摊等，同时应规定相应的误差。

（3）应该考虑我方的实际履行能力规定房产交付时间。同时应规定迟延交付的免责事由。

（4）规定预（销）售房的价款应说明每平方米的单价。同时规定价款的支付方式以及支付时间。还应规定购买方如逾期未能支付价款后利益的计算方式以及超过一定期限后我方有权出售该房产。

（5）应要求购买方支付一定的定金，并规定违约后定金的处理方式。

（6）应规定产权转移的时间以及方式。

（7）应规定购买方购买后房产的使用性质以及相关义务。

（8）应规定购买方在未取得房产产权前不得将房产抵押、转让，否则后果自负。

（9）房屋质量容易产生纠纷，因此应对质量情况、保质期、附属设备保质期加以规定。

（10）应对房产的附随设施的使用进行规定。

附　录

房地产企业纳税自查提纲范本

一、营业税

（一）主营业务收入

单位：元

必查项目	是否自查	自查金额
1. 销售开发产品收取的价款和价外费用是否有未按规定入账，少计收入的情况。其中：		
（1）在开发产品完工前，取得的预售收入（包括定金）是否全部计入“预收账款”进行申报缴纳税款；是否计入“预收账款”以外的往来科目，长期挂账不申报纳税。		
（2）是否将售房款冲减成本、费用或直接转入关联单位，未按规定入账；是否将售房款打入个人储蓄账户或信用卡账户，存在账外收入等情况。		
（3）总机构有无将分支机构的未完工开发产品的销售收入合并计入。		
（4）私改规划，增加销售面积的收入是否未按规定入账。		
（5）销售阁楼、停车位、地下室以及精装房装修部分单独开具收款收据，取得的收入是否未按规定入账。		
（6）拆迁补偿收入是否未按规定确认收入，是否按补偿标准面积的工程成本价与超出补偿面积部分的差价款之和计算缴纳营业税。		

续表

必查项目	是否自查	自查金额
（7）是否采取包销低价开票方式，少计收入。（与包销商签订一个价格较低的包销合同，按约定的包销价格开具发票，高于包销价格的房款由包销商收取并开具发票或收据，未计入收入。）		
（8）收取的定金、违约金、诚意金等，是否未按规定确认收入。		
（9）向对方收取的手续费、基金、集资费、代收款项、代垫款项及其他各种性质的价外收费，是否未按规定确认收入。		
2. 开发项目完工后，是否将收入挂在“预收账款”等科目长期不结转收入。		
3. 按分期收款合同约定的时间应收取而未收到的销售款是否及时申报纳税。		
4. 采取委托销售方式销售开发产品，是否不及时收取售房款，或者部分售房款由中介服务机构收取并开具发票或收据，开发企业未计入收入。		
5. 以银行按揭方式销售开发产品，开发企业在收到首付款，银行按揭贷款到账后，是否未按规定计税；是否将收到的按揭款项以银行贷款的名义记入“短期借款”账户，不做收入。		
6. 对将待售开发产品转作经营性资产，先以经营性租赁方式租出或以融资租赁方式租出以后再出售的，租赁期间取得的价款是否按租金确认收入，出售时是否再按销售资产确认收入。对将待售开发产品以临时租赁方式租出的，租赁期间取得的价款是否按租金确认收入，出售时是否再按销售开发产品确认收入。		
7. 发生视同销售行为，是否未按规定申报纳税。其中：		
（1）以开发产品换取土地使用权、股权，是否未按非货币性资产交换的准则进行税务处理。		
（2）以开发产品抵顶材料款、工程款、广告费、银行贷款本息、动迁补偿费等债务，是否未按规定计税。		
（3）将开发产品用于捐赠、赞助、广告、样品、职工福利、奖励、分配给投资者，是否未按规定申报纳税。		

续表

必查项目	是否自查	自查金额
（4）自建住房低价销售给本单位内部职工或有经济利益往来的单位和个人，是否未按市场价足额申报纳税。		
（5）将公共配套设施无偿赠与地方政府、公用事业单位以外其他单位的，是否未按规定申报纳税。		

（二）其他业务收入

必查项目	是否自查	自查金额
1. 房屋出租收入：		
（1）出租收入是否抵顶工程款、抵顶银行贷款利息，未确认收入。		
（2）出租收入（如将未售出的房屋、商铺、车位等出租）、周转房手续费收入等是否不按税法规定的时间入账或计入“应付账款”等往来科目贷方，未确认收入。		
（3）以明显低于市场的价格出租给关联方，未按规定计税。		
2. 商品房售后服务如物业收入、代客装修、清洁等取得的收入以及材料销售收入、无形资产转让收入和固定资产出租收入是否未按规定申报纳税。		

（三）其他营业税涉税问题

必查项目	是否自查	自查金额
1.利用自有施工力量建设房屋等建筑物，在销售不动产时，是否未申报缴纳建筑环节的营业税。		
2. 中途转让在建项目，是否未按规定缴纳营业税。		
3. 支付境外公司来华提供咨询、设计、施工等劳务费，是否未按规定代扣营业税。		
4. 合作建房是否按税法规定足额纳税。		
5. 不符合条件的代建房行为，是否将其作为代建处理而少计或不计销售收入。		
6. 其他。		

注：上述若干问题也会涉及企业所得税、土地增值税的计算、缴纳。

二、企业所得税

（一）收入方面

除前述营业税部分的相关问题外，还应检查：

必查项目	是否自查	自查金额
1. 未完工开发产品的销售收入是否已按规定预计毛利额，计入当前应纳税所得额缴纳企业所得税。		
2. 产品完工后是否及时结算其计税成本并计算此前销售收入的实际毛利额，同时将其毛利额与其对应的预计毛利额之间的差额，计入当年度本项目的应纳税所得额与其他项目应纳税所得额合并缴纳企业所得税。对于跨年度房地产开发项目的已完工出售部分，有无不按权责发生制原则确认收入或故意推迟实现工程结算收入的现象。		
3. 取得政府的经济补偿或奖励收入是否未申报缴纳企业所得税和土地增值税。		
4. 客户放弃的购房定金、没收的违约保证金、施工方延误工期的罚款收入、先租后售收取的租金等是否未按规定确认收入或直接冲减了成本。		

（二）成本费用方面

必查项目	是否自查	自查金额
1.取得的土地资产是否不按规定计价。是否擅自扩大或减少土地资产的价值；是否存在将购进土地进行三通一平后，进行评估，虚增土地成本，计入开发成本。		
2.是否虚列拆迁补偿费，虚增成本。其中：		
（1）是否虚增拆迁户数，多列拆迁补偿费或虚增补偿金额，多列拆迁补偿费。		
（2）征地、拆迁支出，是否未按规定进行归集分摊，涉及分片分期开发的，未在各个项目进行合理分摊。		
3.是否签订虚假合同、协议，虚列、多列或重复列支成本费用。其中：		

续表

必查项目	是否自查	自查金额
（1）是否签订虚假单项合同，取得虚开发票，加大建安工程费。		
（2）是否从有关联关系的贸易公司购进材料，向关联企业发包或分包工程，人为提高材料价格或建安费用，转移利润。		
（3）采取包工不包料方式发包工程，在开发企业提供的材料、水电和其他物资已凭发票计入开发成本的情况下，是否有让施工企业按劳务费和材料价款的合计金额再次开具发票，并负担其多开部分的税款，重复列支开发成本。		
（4）是否虚列工程监理费。		
4. 是否取得不符合规定的发票入账，多列成本费用。取得旧版作废发票入账；涂改、伪造、自行填开发票入账；取得第三方开具的发票入账；取得开具内容不实的发票入账等。		
5. 是否混淆成本核算对象，未按配比原则结转产品成本。其中：		
（1）未根据开发项目的特点及实际情况确定成本核算对象，所有开发工程成本在一个账户中核算，无法确认当期单项工程开发成本。		
（2）企业各期成本核算混乱，提前列支下期项目的成本。		
（3）一次性列支应由各期分摊的土地成本（含土地附属成本）。		
（4）未单独核算有偿转让或自用配套设施的成本，将其全部计入可售房屋开发成本。		
（5）虽单独核算有偿转让或自用配套设施的成本，但只分摊建筑安装工程费，而土地成本、前期工程费、基础设施费、借款利息等费用在已售房屋中分摊。		
（6）发生销售退回业务，只冲减收入，不冲回已结转成本。		

续表

必查项目	是否自查	自查金额
6. 是否将资本性支出直接列入当期成本，减少应纳税所得额。其中：		
（1）将办公用的电子设备、汽车、音像设备等固定资产计入销售费用或在低值易耗品账户核算，进行税前扣除。		
（2）由开发企业投资建设的，位于开发小区内的邮电通信、学校、医疗等配套设施在完工后出租的，未将其按固定资产进行账务处理。		
（3）在开发小区内建造的会所、售楼部、停车场库、物业管理场等产权归开发企业所有的，未按固定资产进行账务处理。		
（4）临时出租的待售开发产品，对其已计提折旧处理是否正确。		
7. 是否扩大期间费用列支范围及标准，减少应纳税所得额。其中：		
（1）“广告费”、“业务宣传费”、“业务招待费”、“坏账损失”等期间费用是否按规定的范围和标准进行扣除，是否存在为规避扣除比例的限制而将上述费用部分计入开发成本的情况。预售收入是否作为广告费、业务宣传费、业务招待费的计算基数，多列管理费用。		
（2）开发产品完工前的借款利息，是否一次性计入当期损益，虚增财务费用；高于同类同期商业银行贷款利率支付的利息是否调整；向关联方借款利息调整是否正确。从关联方取得的借款金额超过其注册资本50%的，超过部分的利息支出，是否已作纳税调整。		
（3）工资及“三费”扣除是否正确。是否将工资性的支出列入了营业费用，未进行纳税调整。执行新会计准则前，在营业费用中是否重复列支应在“三费”中列支的费用。		

续表

必查项目	是否自查	自查金额
（4）计提的以前年度应计未计、应提未提的折旧、费用是否已作纳税调整。		
（5）有否在税前扣除与收入无关的支出。如违规列支行政性罚款，少申报缴纳企业所得税和土地增值税。		
8. 其他问题。其中：		
（1）各项跌价准备金、投资减值准备是否已作纳税调整。		
（2）政策性减免税金是否视作已缴税金，少申报缴纳企业所得税和土地增值税。		
（3）以前年度损益调整事项未计入以前年度所得计缴所得税的，是否已作纳税调整。		
（4）接受捐赠货币性资产是否未调增应纳税所得额，少缴企业所得税；接受捐赠非货币性资产是否低价入账，少缴所得税。		
（5）固定资产盘盈收入是否未入账或者低价入账，少缴所得税；未经审批的固定资产盘亏，是否未作纳税调增，少缴企业所得税。		
（6）无法支付的应付款项长期挂账不并入应纳税所得额，少缴企业所得税。预提费用的贷方余额长期挂账，是否已作纳税调整。		
（7）其他。		

三、个人所得税

必查项目	是否自查	自查金额
1. 未通过“应付工资”科目发给职工的奖金、实物以及其他各种应税收入，是否足额、准确代扣代缴个人所得税。		
2. 为职工购买的商业保险、补充养老保险、企业年金等是否按规定代扣代缴个人所得税。		

续表

必查项目	是否自查	自查金额
3. 以发票报销方式或定额发放的交通补贴、误餐补助、加班补助、通信费补贴等，是否已代扣代缴个人所得税。（交通补贴、通信补贴如果所在省制定了税前扣除标准的，在标准限额内的部分可免征个人所得税）。		
4. 以发票报销方式套取现金，发放奖金或支付给个人手续费、回扣、奖励等，是否已代扣代缴个人所得税。		
5. 支付债权、股权的利息、红利时是否已扣缴利息、股息、红利收入的个人所得税。		
6. 房地产销售人员取得销售佣金是否已并入工资、薪金，代扣代缴个人所得税。		
7. 为管理人员购买住房，支付房款，是否已并入雇员工资、薪金所得计征个人所得税。		
8. 各种促销活动向客户赠送礼品，是否已代扣代缴个人所得税。		
9. 其他。		

四、土地增值税

必查项目	是否自查	自查金额
1. 对普通标准住宅的界定是否符合要求。是否将适用商业用房等高预征率的商品房与普通住房混淆在一起核算，少缴税款。		
2. 是否以工程未结算、未决算或是商品房未销售完毕等各种理由不进行土地增值税的清算。		
3. 是否按规定确定土地增值税的清算单位。		
4. 是否按规定进行成本费用分摊。		
5. 是否按规定从开发成本中分离并归集利息支出，将超过贷款期限的利息和罚息税前扣除。		
6. 清算后又销售或有偿转让的房地产，是否未按规定进行纳税申报。		

五、土地使用税

必查项目	是否自查	自查金额
1. 已征用未开发的土地是否已按规定申报缴纳土地使用税。		
2. 土地等级和使用税额变更后是否已及时调整纳税申报。		
3. 开发用地在开发期间是否已按规定计征土地使用税。		
4. 未销售的商品房占用的土地是否已按规定缴纳土地使用税。		

六、房产税

必查项目	是否自查	自查金额
1. 自行建造的自用房产交付使用后，是否长期挂“在建工程”，既不办理竣工结算，也未申报缴纳房产税。		
2. 是否将房屋租金直接冲减“企业管理费”或挂在其他应付款上未作收入。		
3. 与房屋不可分割的附属设备及固定资产改良支出是否未增加计税房产原值。		
4. 新建和购置的房产是否未从建成之次月和取得产权的次月申报缴纳房产税。		
5. 国有企业进行清产核资过程中房屋价值重估后的新增价值，是否未按照有关规定申报缴纳房产税。		
6. 自用、出租、出借本企业建造的商品房，是否未按照有关规定缴纳房产税。商品房在出售前已使用或出租、出借的商品房是否按规定申报缴纳房产税。		

七、印花税

必查项目	是否自查	自查金额
1. 各类应税凭证是否按规定粘贴印花税票或缴纳印花税。是否将应税凭证划为非税凭证，漏缴印花税；是否应纳税凭证书立或领受时不即行贴花，而直到凭证生效日期才贴花纳税。		
2. 房屋销售（预售）合同、银行借款合同、建筑安装合同、建筑材料购销合同、租赁合同、广告合同等是否按规定足额缴纳印花税。有否混淆合同性质，从低适用税率或擅自减少计税依据，未按全部所载金额计税。		
3. 2006年11月27日之后签订的土地使用权出让合同、土地使用权转让合同，是否已按规定申报缴纳印花税。		

参考文献

[1] 徐晓莉. 企业纳税管理体系设计 [M]. 北京: 中国税务出版社，2011.

[2] 蔡少优. 企业涉税制度建设 [M]. 北京: 中国税务出版社，2011.

[3] 刘德春. 企业经济合同涉税处理 [M]. 北京: 中国税务出版社，2011.

[4] 樊剑英. 房地产开发企业纳税实务与风险防范 [M]. 大连: 大连出版社，2011.

[5] 吴增胜. 房地产开发企业内部控制手册 [M]. 北京: 中国建筑工业出版社，2010.

[6] 蔡少优. 房地产业涉税疑难问题解析 [M]. 北京: 中国税务出版社，2010.